講義される御法主日如上人猊下

御法主日如上人猊下御講義集

令和元年度　第十六回法華講夏期講習会

# 御書要文　三

# 目次

## 御書要文　御法主日如上人猊下

# 凡　例

一、本書は、御法主日如上人猊下による、令和元年度第十六回法華講夏期講習会における「御書要文」の御講義（『大日蓮』令和元年七～十一月号に掲載）を収録したものである。

一、「御書要文」の御講義テキストは、法華講夏期講習会テキスト『勇躍前進のために』に収録された御文のうち、実際に御講義されたものを掲載した。

一、本文中、テキスト掲載の文章はゴシック体で示した。

一、本文中に用いた文献の略称は次のとおり。

御　　書－平成新編日蓮大聖人御書（大石寺版）
法 華 経－新編妙法蓮華経並開結（大石寺版）
御書文段－日寛上人御書文段（大石寺版）
玄義会本－訓読法華玄義釈籤会本（富士学林版）
文句会本－訓読法華文句記会本（富士学林版）
止観会本－訓読摩訶止観弘決会本（富士学林版）

# 御講義テキスト

## 1

### 種々御振舞御書

各々《おのおの》我が弟子となの《名乗》らん人々は一人もをく《臆》しをも《思》はるべからず。をや《親》ををも《思》ひ、めこ《妻子》をもをもひ、所領をかへりみることなかれ。無量劫よりこのかた、をや《親》こ《子》のため、所領のためにに、命をす《捨》てたる事は大地微塵《みじん》よりもをほ《多》し。法華経のゆへにはいまだ一度もすてず。法華経をばそこばく行ぜしかども、かゝる事出《しゅつ》来《たい》せしかば退転してやみにき。譬へばゆ《湯》をわかして水に入《い》れ、火を切るにと《遂》げざるがごとし。各々思ひ切り給へ。（御書一〇五六㌻一三行目）

## 2

### 四条金吾殿御返事

賢人は八風《はっぷう》と申して八つのかぜにをかされぬを賢人と申すなり。利《うるおい》・衰《おとろえ》・毀《やぶれ》・誉《ほまれ》・称《たたえ》・譏《そしり》・苦《くるしみ》・楽《たのしみ》なり。をゝ《大》心《むね》は利あるによろこばず、をとろうるになげかず等の事なり。此の八風にをかされぬ人をば必ず天はまぼ《守》らせ給ふなり。

（御書一一一七㌻一二行目）

## 3 崇峻天皇御書

蔵《くら》の財《たから》よりも身の財すぐれたり。身の財より心の財第一なり。此の御文を御覧あらんよりは心の財をつませ給ふべし。（御書一一七三ページ一三行目）

## 4 崇峻天皇御書

孔子《こうし》と申せし賢人は九思一言とて、こゝのたび《九度》おも《思》ひて一度《ひとたび》申す。周公旦《たん》と申せし人は沐《もく》する時は三度《みたび》握り、食する時は三度はき《吐》給ひき。たしかにきこし《聞》め《食》せ。我《われ》ばし恨《うら》みさせ給ふな。仏法と申すは是《これ》にて候ぞ。一代の肝心は法華経、法華経の修行の肝心は不軽《ふきょう》品にて候なり。不軽菩薩の人を敬ひしはいかなる事ぞ。教主釈尊の出世の本懐は人の振る舞ひにて候ひけるぞ。穴賢《あなかしこ》穴賢。賢きを人と云ひ、はかなきを畜という。（御書一一七四ページ一〇行目）

## 5

## 上野殿御返事

抑今《そもそも》の時、法華経を信ずる人あり。或《あるい》は火のごとく信ずる人もあり。或は水のごとく信ずる人もあり。聴聞する時はもへ《燃》たつ《立》ばかりをもへ《思》ども、とをざか《遠》りぬればすつる《捨》心あり。水のごとくと申すはいつもたい《退》せず信ずるなり。此《これ》はいかなる時もつね《常》はたい《退》せずとわ《訪》せ給へば、水のごとく信ぜさせ給へるか。

（御書一二〇六ページ一四行目）

## 6

## 上野殿御返事

此《こ》の人は先世《せんぜ》の宿業《しゅくごう》か、いかなる事ぞ臨終に南無妙法蓮華経と唱へさせ給ひける事は、一眼のかめ《亀》の浮木の穴に入り、天より下《くだ》すいと《糸》の大地のはり《針》の穴に入るがごとし。あらふしぎ《不思議》あらふしぎ。又念仏は無間《むけん》地獄に堕《お》つると申す事をば、経文に分明《ふんみょう》なるをばしら《知》ずして、皆人《ひと》日蓮が口より出《い》でたりとおも《思》へり。文はまつげ《睫毛》のごとしと申すはこれなり。（御書一二一八ページ一六行目）

## 7　太田左衛門尉御返事

然《しか》るに法華経と申す御経は身心の諸病の良薬《ろうやく》なり。されば経に云はく「此《こ》の経は則《すなわ》ち為《こ》れ閻浮提《えんぶだい》の人の病《やまい》の良薬なり。若《も》し人病有らんに是《こ》の経を聞くことを得ば病即消滅して不老不死ならん」等云云。又云はく「現世は安穏にして後生には善処ならん」等云云。又云はく「諸余の怨敵《おんてき》皆悉《ことごと》く摧滅《さいめつ》せん」等云云。

（御書一二二二㌻一七行目）

## 8　治病大小権実違目

詮《せん》ずる処《ところ》は天台と伝教とは内《うち》には鑑《かんが》み給《たま》ふといへども、一には時来たらず、二には機なし、三には譲られ給はざる故なり。今末法に入りぬ。地涌《じゆ》出現して弘通有るべき事なり。今末法に入って本門のひろまらせ給ふべきには、小乗・権大乗・迹門の人々、設《たと》ひ科《とが》なくとも彼々の法にては験《しるし》有るべからず。譬へば春の薬は秋の薬とならず。設ひなれども春夏のごとくならず。（御書一二三六㌻一五行目）

## 9

### 六難九易抄

法華経一部の肝心は南無妙法蓮華経の題目にて候。朝夕《ちょうせき》御唱へ候はゞ正《まさ》しく法華経一部を真読《しんどく》にあそばすにて候。二反《へん》唱ふるは二部、乃至百反は百部、千反は千部、加様《かよう》に不退に御唱へ候はゞ不退に法華経を読む人にて候べく候。

（御書一二四三ページ一〇行目）

## 10

### 本尊問答抄

願はくは此《こ》の功徳を以《もっ》て父母と師匠と一切衆生に回向《えこう》し奉らんと祈請《きしょう》仕《つかまつ》り候。其《そ》の旨《むね》をしらせ《知》まいらせ《進》むがために御本尊を書きをくり《送》まいらせ候に、他事をすてゝ此の御本尊の御前にして一向に後世《ごせ》をもいのらせ《祈》給ひ候へ。又これへ申さんと存じ候。いかに御房たちははから《計》い申させ給へ。

（御書一二八三ページ九行目）

## 11　法華初心成仏抄

よき師とよき檀那とよき法と、此の三つ寄り合ひて祈りを成就し、国土の大難をも払ふべき者なり。（御書一三一四ページ五行目）

## 12　法華初心成仏抄

元より末法の世には、無智の人に機に叶ひ叶はざるを顧《かえり》みず、但《ただし》強ひて法華経の五字の名号《みょうごう》を説いて持たすべきなり。其の故は釈迦仏、昔不軽《ふきょう》菩薩と云はれて法華経を弘め給ひしには、男・女・尼《あま》・法師がおしなべて用ひざりき。或《あるい》は罵《ののし》られ毀《そし》られ、或は打たれ追はれ、一《ひと》しならず、或は怨《あだ》まれ嫉《ねた》まれ給ひしかども、少しもこり《懲》もなくして強ひて法華経を説き給ひし故に今の釈迦仏となり給ひしなり。（御書一三一五ページ五行目）

## 13

### 法華初心成仏抄

されば「若《も》し暫《しばら》くも持《たも》つ者は我れ則《すなわ》ち歓喜す諸仏も亦然《またしか》なり」と説き給ふは此《こ》の心なり。されば三世の諸仏も妙法蓮華経の五字を以《もっ》て仏に成り給ひしなり。三世の諸仏の出世の本懐、一切衆生皆成仏道の妙法と云ふは是《これ》なり。是等の趣《おもむき》を能《よ》く能く心得て、仏になる道には我慢偏執《へんしゅう》の心なく、南無妙法蓮華経と唱へ奉るべき者なり。（御書一三二一㌻二行目）

## 14

### 新池殿御消息

浄土宗の人々は阿弥陀仏を本尊とし、真言の人々は大日如来を本尊とす。禅宗の人々は経と仏とをば閣《さしお》きて達磨《だるま》を本尊とす。余の人々は念仏者真言等に随《したが》へられ、何《いず》れともなけれども、つよきに随ひ多分に押されて、阿弥陀仏を本尊とせり。現在の主師親たる釈迦《しゃか》仏を閣きて、他人たる阿弥陀仏の十万億の他国へにげ《逃》行くべきよしをねが《願》はせ給ひ候。阿弥陀仏は親ならず、主ならず、師ならず。されば虚言《そらごと》の四十八願を立て給ひたりしを、愚《おろ》かなる人々実《まこと》と思ひて、物狂《ものくる》はしく金拍子《かねびょうし》をたゝき、おどりはね《跳》て念仏を申し、親の国をばいと《厭》ひ出《い》でぬ。来迎《らいごう》せんと約束せし阿弥陀仏の約束の人は来たらず。中有《ちゅうう》のたび《旅》の空に迷ひて、謗法の業《ごう》にひかれて三悪道と申す獄屋《ごくや》へおもむけば、獄卒阿防羅刹《あぼうらせつ》悦《よろこ》びをなし、とらへ《捉》からめ《搦》てさひなむ《嘖》事限りなし。（御書一三六四㌻七行目）

## 15 盂蘭盆御書

自身仏《ほとけ》にならずしては父母をだにもすくい《救》がたし。いわう《況》や他人をや。

（御書一三七六㌻八行目）

## 16 盂蘭盆御書

悪の中の大悪は我が身に其《そ》の苦をうく《受》るのみならず、子と孫と末《すえ》七代までもかゝり候ひけるなり。善の中の大善も又々かくのごとし。（御書一三七七㌻五行目）

御法主日如上人猊下御講義

# 御書要文第一期

令和元年五月十九日

御講義テキスト（九ページ一行目〜一〇ページ一一行目）

皆さん、おはようございます。

本年度の法華講夏期講習会に当たりまして、皆様方には御繁忙のところ、御登山、まことにおめでとうございます。

恒例によりまして、テキストにあります御書の要文についてお話をしていきたいと思います。

まず初めに『種々御振舞御書』であります。

１　種々御振舞御書

各々《おのおの》我が弟子となのらん《名乗》人々は一人もをく《臆》しをもは《思》るべからず。をや《親》をもひ《思》、めこ《妻子》ををもひ、所領をかへりみることなかれ。無量劫よりこのかた、をやこ《親子》のため、所領のために、命をすて《捨》たる事は大地微塵《みじん》よりもをほ《多》し。法華経のゆへにはいまだ一度もすてず。法華経をばそこばく行ぜしか

**ども、かゝる事出来《しゅったい》せしかば退転してやみにき。譬へばゆを湯《ゆ》わかして水に入《い》れ、火を切るにとげ遂《と》ざるがごとし。各々思ひ切り給へ。**

**（御書一〇五六ジペー一三行目）**

この『種々御振舞御書』は長編の御書でありますけれども、日蓮大聖人様の御一代のちょうど中ごろのことをずっと認《したた》められている御書であります。

建治二（一二七六）年、大聖人様が五十五歳の時に、身延から安房《あわ》の光日房に与えられた御書であります。

この方は、安房の天津《あまつ》に住んでいた御信徒でありまして、大聖人様からは、このほかにも『光日房御書』を頂いております。また、信心強盛《ごうじょう》であった弥四郎という息子がいましたけれども、残念ながら若くして亡くなっております。

本抄には、文永五（一二六八）年に蒙古《もうこ》の牒状《ちょうじょう》が届いてから建治二年まで、約九年間の大聖人様のお振る舞いが認められております。この九年間は、大聖人様の御一代のなかでも最も大事な時期であり、言わば激動の時期であったと言えると思います。

まず、文永八年九月十二日に二回目の国主諫暁《かんぎょう》がありました。

ちなみに、一回目の国主諫暁は文応元（一二六〇）年の七月十六日、『立正安国論』を時の最高権力者・北条時頼《ときより》に奏呈した時であります。そして二回目が、まさにこの時に当たるのでありまして、続いて竜口《たつのくち》法難、佐渡への配流《はいる》があり、文永十一年四月八日には第三の国主諫暁がありました。これは、大聖人様が佐渡からお帰りになりまして、直ちに国主諫暁をせられており、そのあと身延にお入りになるのであります。

身延にお入りになってからの大きな事件としては、熱原法難があります。それから法義的に極めて大事なことは、本門戒壇の大御本尊様を弘安二（一二七九）年に御建立あそばされたことであります。

こういった意味で、この時期に、末法の御本仏としての数々の大事なお振る舞いを拝することができます。

次に、本抄の梗概《こうがい》を述べますと、最初に蒙古からの牒状について記されております。これは『立正安国論』で予言した他国侵逼難《しんぴつ》が的中したということであります。そして、他国侵逼難を予想せられたのでありますから、

「日本第一の権状《けんじょう》」（御書一〇五五ﾍﾟｰｼﾞ）

にあずかる、つまり褒《ほ》められるべき身でありながら、逆に、いよいよ迫害が加えられてきたと記され、いかなる難が起ころうとも、大聖人様の弟子として妙法弘通に参加できることは未曽有《みぞう》のことであるのだから、退転せずに妙法弘通に励むようにと、光日房におっしゃっているのであります。

次に、文永五年に北条時宗《ときむね》や宿屋左衛門光則《みつのり》、平左衛門尉《へいの》頼綱《よりつな》、建長寺道隆、極楽寺良観らの者に対して、いわゆる「十一通御書」を出されました。この「十一通御書」から、文永八年九月十二日の竜口法難に至る経緯が述べられており、その竜口法難の折に、まさに刑場において頚《くび》を斬《き》られようとし

たその時、

「江のしま《島》のかたより月のごとくひかり《光》たる物、まり《鞠》のやうにて辰巳《たつみ》のかたより戌亥《いぬい》のかたへひかりわたる。十二日の夜のあけぐれ《昧爽》、人の面《おもて》もみへ《見》ざりしが、物のひかり月よ《夜》のやうにて人々の面もみなみゆ。太刀《たち》取り目くらみたふれ《倒》臥《ふ》し、兵共《つわものども》おぢ怖《おそ》れ、けうさめ《興醒》て一町計りはせのき、或《あるい》は馬よりをりてかしこまり、或は馬の上にてうずくまれるもあり」

（同一〇六〇ジペー）

とお述べになっていらっしゃるように、時の幕府の最高権力者の力をもってしても、結局、大聖人様を処刑することができなかったという事実があるのであります。

この竜口法難は、大聖人様の御一代において最も重要な意義を持っているのであります。それは、皆さん方も御承知の通り、この竜口法難において、大聖人様が発迹顕本をされたということであります。つまり、名字《みょうじ》凡夫の身を久遠元初自受用報身如来、すなわち御本仏の御身《おんみ》と開顕されたのであります。

このことは『開目抄』に、

「日蓮といゐし者は、去年九月十二日子丑《ねうし》の時に頸はねられぬ。此《これ》は魂魄《こんぱく》佐土の国にいたりて、返る年の二月雪中にしるして、有縁の弟子へをくれば、をそろ《怖》しくてをそろ《恐怖》しからず。みん《見》人、いかにをぢ《怖》ぬらむ」

（同五六三ページ）

と仰せになっておられます。この御文のなかに「此は魂魄佐土の国にいたりて」云々とありますが、魂魄とは何かというと、凡夫身のそれではなくして、上行日蓮の本地たる久遠元初の自受用身としての魂魄のことであります。

竜口法難につきまして、総本山第二十六世日寛上人は『開目抄文段』に、

「『子丑の時に頸はねられぬ』とは、子の刻は鎌倉を引き出された時刻を言い、丑の刻は竜口の頸の座に据えられた時を指す。また、この法難こそ勧持品の『及加刀杖《とうじょう》』の難に当たり、『魂魄佐土の国にいたりて』とは

『数数見擯出《さくさっけんひんずい》』の文に相当する。故に、大聖人が『我不愛身命《しんみょう》 但惜《たんじゃく》無上道』の法華経の行者であることは明白である」（御書文段一六六ジペー取意）

と記されております。しかし、これは、

「付文《ふもん》の辺」（同一六七ジペー）

すなわち一往の見方であって、

「此の文の元意《がんい》は、蓮祖大聖は名字凡夫の御身の当体、全く是《こ》れ久遠元初の自受用身と成り給い、内証真身の成道を唱え、末法下種の本仏と顕われたもう明文なり」（同ジペー）

と仰せになっております。つまり、この『開目抄』の御文の元意の辺は、大聖人様の名字凡夫の当体が久遠元初自受用身と顕れた明文であると釈されているのであります。

したがって、丑の刻《きざみ》は陰の終わりにして死の終わり、寅の刻は陽の初めにして生の初めを意味しておりまして、丑寅の刻というのは生死の中間《ちゅうげん》、陰陽の中間であります。

今、総本山におきまして、毎朝行われております丑寅勤行は、仏法において最も大事な時刻である丑寅の刻に行われるために、丑寅勤行と言っているのであります。

『上野殿御返事』を拝しますと、

「三世の諸仏の成道は、ね《子》うし《丑》のをはり《終》とら《寅》のきざみ《刻》の成道なり」

（御書一三六一ページ）

と仰せであります。

よって、子丑の刻は大聖人様の凡身の死の終極である故に「頚はねられぬ」とおっしゃっており、寅の刻は久遠元初の自受用身の生の初めという意味であります。つまり、釈尊は十二月八日の明星《みょうじょう》の出《い》ずる時に悟られて、大聖人様は文永八年九月十二日、竜口において寅の刻に久遠元初の御本仏と開顕されたのであるということであります。

次いで、佐渡配流の経緯について述べられ、さらにまた佐渡配流中の生活の模様なども詳しく述べられております。

そして最後に、佐渡から鎌倉へ帰られ、身延に入山した模様を述べ、さらに文永十一年の蒙古来襲を、これはまさしく法華誹謗の故であると御指南あそばされているのであります。

これが、本抄の大意であります。

次に、本文に入りますと、**「各々《おのおの》我が弟子となの《名乗》らん人々は一人もをく《臆》しをも《思》はるべからず」**と仰せであります。大聖人様の弟子と名乗る人々は、一人でも臆病《おくびょう》であってはならないとのお言葉であります。

大聖人様は『教行証御書』に、

「日蓮が弟子等は臆病にては叶《かな》ふべからず。彼々の経々と法華経と勝劣・浅深・成仏不成仏を判ぜん時、爾前迹門の釈尊なりとも物の数ならず。何《いか》に況《いわ》んや其《そ》の以下の等覚の菩薩をや。まして権宗《ごんしゅう》の者どもをや」

（同一一〇九ページ）

と仰せられ、いかなる時も御本仏の教えに絶対の信を取り、けっして臆病であってはならないと、きつく仰せあそばされているのであります。

さらにまた『四条金吾殿御返事』には、

「なにの兵法《ひょうほう》よりも法華経の兵法をもちひ《用》給ふべし。『諸余怨敵皆悉摧《おんてきかいしつざい》滅《めつ》』の金言むなしかるべからず。兵法剣形《けんぎょう》の大事も此の妙法より出でたり。ふかく信心をとり給へ。あへて臆病にては叶ふべからず」

（同一四〇七ページ）

と仰せであります。妙法広布に励む者は、いかなる難敵・強敵にも恐れることなく折伏に励み、けっして臆病であってはならないと、厳しく仰せあそばされているのであります。

今、申し上げましたところの「諸余怨敵皆悉摧滅」というのは法華経の薬王品のなかの御文でありまして、

「諸余の怨敵皆悉《ことごと》く摧滅《さいめつ》せり」（法華経五三八ペ[ジ]）

と読みます。つまり、法華経を受持する功徳によって、成仏を妨げるあらゆる魔を打ち破ることができるとの意味であります。すなわち、妙法を信受し、一心に妙法広布に励む者は、あらゆる障魔を打ち破ることができると、大聖人様は仰せあそばされているのであります。

されば、私達は普段の信心におきましても、特に折伏に当たっては、この御文をしっかりと心肝に染めて、勇気を持って一歩も退くことなく、勇猛果敢に破邪顕正の折伏を進めていくことが、最も大事なのであります。

次に**「をやををもひ、めこををもひ、所領をかへりみることなかれ」**と、厳しいお言葉があります。

妙法のためには、親も妻子も、そして所領も、その他、何ものも惜《お》しんではならない。ゆめゆめ、それらのものに心を引かれて、臆病、未練な振る舞いがあってはならないと、大聖人様はおっしゃっております。

まことに厳しいお言葉でありますが、ここまで徹底していく信心こそ、一生成仏にとっては最も大事なことなのであります。

続いて**「無量劫よりこのかた、をやこ《親子》のため、所領のために、命をすて《捨》たる事は大地微塵《みじん》よりもをほ《多》し。法華経のゆへにはいまだ一度もすてず」**と仰せでありますけれども、無量劫の昔から今生に至るまでの生死流転の過去を振り返ってみますると、親子や所領のために命を捨てたことは大地微塵の数よりも多いけれども、法華経のためには一度もないと仰せであります。

この御文を拝する時、今日《こんにち》、我々は宿縁深厚にして末法の御本仏宗祖日蓮大聖人の仏法に値《あ》い奉り、御本仏の御遺命に従い、一天広布を目指して、

「一心欲見仏　不自惜身命」（同四三九㌻）

の御聖意を体し、異体同心して力強く前進していることは、まことに限りない福運であります。この福運を無下《むげ》にしてしまわないように、我々はいよいよ自行化他の信心に励むことが大事だと思います。

次に「**法華経をばそこばく行ぜしかども、かゝる事出来《しゅったい》せしかば退転してやみにき。譬へばゆ《湯》をわかして水に入《い》れ、火を切るにとげ《遂》ざるがごとし。各々思ひ切り給へ**」と仰せであります。

過去無量生の間には、法華経を強盛に修行したこともあっただろうけれども、命を捨てるほどのことがあれば、たちまち退転してしまったではないか。例えば、湯を沸かしても、中途で水に入れれば、結局、その湯は元の温度に戻ってしまう。また、火を起こすに、まだ火が出ていない途中でやめてしまえば、火を起こすことができないようなものである。まさしく法華経の修行も、命を捨てるほどの覚悟がなければ、成仏の大果を得られないのであると、厳しくおっしゃっているのであります。

このように、命を捨てるとか、あるいは命を惜しむということがありますけれども、その命とは何かという問題は、たしかにあります。これについて、ある方が「命とは時間である」とおっしゃっていました。つまり、我々が命を惜しむというのは、何かとっぴもない、戦国時代のような状況が起きて、むやみに命を捨てるという意味ではないのです。むしろ、それは「時」という言葉に代えてみて、時を惜しむ、時を無駄にしてはいけないと考えてもいいのです。

「一心欲見仏　不自惜身命（一心に仏を見たてまつらんと欲《ほっ》して　自ら身命を惜しまず）」とありますように、妙法広布に生きる、生きている時間を惜しまないということで、一生懸命に広布のために戦いきりなさい、無駄にしている時間はありませんよ、というように解釈もできるのであります。

ですから「一心欲見仏　不自惜身命」と言うと、命などいらないのだと、乱暴なように思いがちでありますけれども、よく考えてみると、やはり我々が生きているこの時間を大切にしろ、この時間を尊い広布のために尽くしていけ、それが一生成仏につながっていくのだぞ、とおっしゃっているのではないかと思われます。

ですから我々は、まさに信心強盛にして自他共の幸せを願い、一生成仏、そして一切衆生救済の方途《ほうと》たる折伏を、真剣に行じていかなければならないと思うのです。

次の御書に入ります。

**２　四条金吾殿御返事**

**賢人は八風《はっぷう》と申して八つのかぜにをかされぬを賢人と申すなり。利《うるおい》・衰《おとろえ》・毀《やぶれ》・誉《ほまれ》・称《たたえ》・譏《そしり》・苦《くるしみ》・楽《たのしみ》なり。をゝ《大》心《むね》は利あるによろこばず、をとろうるになげかず等の事なり。此の八風にをかされぬ人をば必ず天はまぼら《守》せ給ふなり。**

**（御書一一一七ジペー一二行目）**

この『四条金吾殿御返事』は、建治三（一二七七）年四月、日蓮大聖人様が五十六歳の時に身延で認《したた》められまして、四条金吾殿へ与えられた御書であります。

四条金吾という方は、皆さん方も聞いていらっしゃると思いますけれども、正式には四条中務《なかつかさ》三郎左衛門尉頼基《よりもと》と言います。左衛門尉という官名の唐名《とうみょう》によって金吾と通称されていたのであります。

北条氏の支族の江馬家に仕えておられた武士でありまして、武術に優《すぐ》れ、そしてまた医術にも優れておられました。奥さんは日眼女であります。

建長八（一二五六）年、二十七歳の時に、池上兄弟などと前後して、大聖人様に帰依したのではないかと思われます。以後、大聖人様の外護に努めまして、文永八（一二七一）年の竜口《たつのくち》の法難では、大聖人様のいよいよの時に当たって、殉死《じゅんし》の覚悟で竜口にお供をいたしました。さらに文永九年には、人本《にん》尊開顕の書と言われる『開目抄』上下二巻を、大聖人様からお受けになっておられます。

しかし、極楽寺良観の信奉者であった主人の江馬光時を折伏したために、怒《いか》りを買い、領地を減らされるなどしたのであります。

また、建治三年の桑ヶ谷《やつ》の竜象房との法座にあって、三位房が竜象房を論破した件で、三位房と同行した四条金吾が、徒党を組んで武器を持って、悪口・悪行をしてこの竜象房を責めたと、同僚から讒言《ざんげん》をされまして、主人の江馬親時《ちかとき》、これは光時の子になりますけれども、親時の不興《ふきょう》を買い、所領を没収されてしまいます。

讒言とは、人を陥《おとしい》れるために事実を曲げ、また偽《いつわ》って、目上の人に悪く言うことでありますけれども、この時に大聖人様は四条金吾に代わって、江馬氏に『頼基陳状』（御書一一二六㌻）を認められております。このなかで、四条金吾の父以来の江馬氏への忠誠とか、あるいは先程言った竜象房らの非道・謗法、それから主人の謗法を諌《いさ》めて正法に帰依させるのが家臣としての道であることなどを述べられております。

その後、建治四年ごろには主人の勘気が解けまして、むしろ前よりも所領が倍増され、主人のさらに深い信任を得るようになったと言われております。

また、弘安五（一二八二）年の大聖人様御入滅の折にも、最期まで看病に当たりまして、葬送の列にも連《つら》なっております。

そうしたなか、当抄は建治三年の四月に四条金吾殿に与えられた御書で、賢人がおかされないという八風について説かれているところから「八風抄」とも言われております。

四条金吾殿は、かねてから主君の信頼は厚かったのですが、同僚のなかには四条金吾を妬《ねた》んで、主人に対して讒言する者がいました。そのために四条金吾は窮地に追い込まれたのであります。そこで四条金吾は、その事情を身延の大聖人様のもとに報告するとともに、自分のことを言いつけた同僚を、主君に訴える意を漏らしたようであります。

それに対しまして大聖人様は、長年にわたって恩のある主君であるのだから、人に乗せられて事を起こし、主君と争ったり、恨《うら》んだりしてはならない。

得意になって喜んだり、また失意にあって嘆いたりするのではなく、八風におかされない賢人として信心強盛に主君に仕えるならば、必ず諸天善神は守護する。また、物事の祈りがかなうか、かなわないかには、まさに師匠と弟子の心が合致する師弟相対の信仰を貫くことが大事であるから、必ず祈りは成就するであろう、と御指南あそばされているのであります。

そこで、本文に入りますと、**「賢人は八風《はっぷう》と申して八つのかぜにをかされぬを賢人と申すなり。利《うるおい》・衰《おとろえ》・毀《やぶれ》・誉《ほまれ》・称《たたえ》・譏《そしり》・苦《くるしみ》・楽《たのしみ》なり。をゝ《大》心《むね》は利あるによろこばず、をとろうるになげかず等の事なり。此の八風にをかされぬ人をば必ず天はまぼ《守》らせ給ふなり」**とおっしゃっておりますが、「八風」というのは人の心を扇動《せんどう》する八種の風であります。したがって、これを八法とも言い、この八風におかされないのを賢人と言うと仰せになっています。

この八風について『仏地経論』などによりますと、四順と四違の二つに分けることができるのです。つまり、八風のなかの利・誉・称・楽の四つが順で、

これを愛欲し、衰・毀・譏・苦が四違で、これを忌避《きひ》するとされるのでありま
す。

そして、人は得意の時にも有頂天《うちょう》にならず、失意の時にも嘆かず、一喜一憂
せずに、この八風におかされないことが最も肝要であるとおっしゃっているの
であります。

そして、この八風におかされない人を賢人と言い、「必ず天はまぼらせ給
ふ」と仰せあそばされ、つまり日常のわずかなことに一喜一憂していてはいけ
ないとおっしゃっているのであります。

ですから、私達は普段から、しっかりと信心に励み、世間の煩《わずら》わしきことに
動揺せず、まさに一天広布に焦点を合わせて、決然として妙法広布に励むこと
が肝要であり、そのなかで、なお一層の信心に住していかなければならないと
知るべきであります。

なお、このあとの御文には、もしこの道理に背くようなことがあれば、いか

に祈っても諸天は守護しないと仰せられております。それぞれが正直で純真な信心に励むことが肝要であると、我々は知るべきであります。

次に『崇峻《すしゅん》天皇御書』です。

**３　崇峻天皇御書**

**蔵《くら》の財《たから》よりも身の財すぐれたり。身の財より心の財第一なり。此の御文を御覧あらんよりは心の財をつませ給ふべし。**

**（御書一一七三㌻一三行目）**

この『崇峻天皇御書』は、建治三（一二七七）年九月十一日、日蓮大聖人様が五十六歳の時に、身延から四条金吾殿に与えられた御書であります。

四条金吾は建治三年六月、桑ケ谷で三位房と竜象房との法論の席に同座していたために、主君の江馬氏の怒《いか》りを買いまして、所領を没収される事態となってしまいました。しかし、大聖人様自ら代筆をされた『頼基陳状』によって励まされ、また江馬氏が疫病にかかり、その上、竜象房は病死し、四条金吾を主君に讒言した人達も病に冒《おか》されたために、医術の心得のある四条金吾は再び主君に用いられるようになりました。そのために周囲の者の妬みを買いまして、その身の危険にさらされていたのであります。大聖人様はこの書を送って、その時の心得を、つまり注意を促《うなが》されているのであります。

本書の内容は、まず内薫外護の法門を引いて、敵は正法を行ずる者に勝つことができないと述べられております。だから、敵に乗じられるのではなくして、しっかりと身を護り、そして怒りを慎《つつし》み、近親者に護衛させるように勧め、さらに他人に接する心得や、あるいは主君に対する心掛けなど、日常生活の指導を大聖人様は四条金吾になされているのであります。

特に四条金吾は短気な性格であったと思われ、大聖人様は短気なその性格を心配されまして、仏法は人間としての行動を教えるものであり、仏法を修行する者は自己の生活において立派に振る舞わなければならないと指導され、終わりに、怒りのために身を滅ぼしてしまったという崇峻天皇の物語を引かれて、誡《いまし》められているのであります。

やはり、怒りというのは身を滅ぼす元です。我々にも時々、短気になって、怒《おこ》らなくていいところを怒って、けんかになってしまうようなことがありませんか。その時は、お題目を唱えるのです。怒りが込み上げてきたら、お題目を唱える。そこでしっかりとお題目を唱えれば、その怒りは必ず収まります。大聖人様も四条金吾に対して、怒りは自分を滅ぼすものですよと注意されているのです。

折伏でも、そうです。折伏していて、相手がなかなか言うことを聞かないと、怒り出す人がおります。あれはだめです。怒ってしまっては、折伏になりません。その時には一遍、身を引いて、次にまた行くとか、色々方法があります。相手が怒ってきても、自分は泰然として、にこやかな顔で折伏していきませんと、折伏がけんかになってしまうことがあるのです。

けっして、けんかをしに行っているのではないのですから、そういうところは皆さん方は重々解っていらっしゃると思うけれども、よく注意して折伏しましょう。

今、その崇峻天皇について記されている箇所を解りやすく、現代文に直して拝読いたしますと、次のようにおっしゃっています。

日本国が始まってから、二人の国王が臣下に殺されている。その一人は崇峻天皇である。この崇峻天皇は欽明《きんめい》天皇の太子で、聖徳太子の伯父《おじ》であられたが、ある時、聖徳太子を召して「汝《なんじ》は聖者であると聞く。朕《ちん》の相を占《うらな》ってみよ」と仰せつけられた。聖徳太子は三度までも辞退されたが、是非にということで、やむをえず謹んで相を占われた。そして「陛下《へいか》は、人に殺される相がおありです」と申し上げた。

すると、天皇の表情が変わられ、「いったい、いかなる証拠をもって、そのように言うのか」と仰せになった。

聖徳太子は「御眼《おんまなこ》に赤い筋が通っております。それは、人にあだまれる相であります」と申し上げられた。

天皇は重ねて「どのようにすれば、この難を逃《のが》れることができるのか」と聞かれた。

聖徳太子は「免《まぬか》れることは困難です。ただし、仁・義等の五常という兵《つわもの》があります」と答えられました。つまり、人の常に守るべき五つの道徳として、仁・義・礼・智・信の五常がありますが、そのことであります。太子は「その五常を御身《おんみ》から離さなければ、難を免れることができるでしょう。この兵を仏典では『忍辱《にんにく》の行』と言って、六波羅蜜の修行の一つとしております」と答えられた。この「忍辱」というのは、どんな苦しいことがあっても、耐え忍《しの》ぶという意味であります。

天皇は、それからしばらくの間は忍辱を持《たも》っておられたが、気の短いお方であったので、ややもすれば、これを破られた。

ある時、猪《いのしし》の子を献上した人があり、その時に天皇は、笄《こうがい》という髪をかき上げるのに用いる具を抜いて、猪の子の眼を、ずぶずぶと突き刺し、「いつの日か、にくいと思うやつを、このようにしてやろう」と言ったのです。

聖徳太子はその座におられましたが、「ああ、嘆かわしいことである。陛下は必ず、人に恨まれるでしょう。今のお言葉は、自身を害する剣《つるぎ》です」と言われたということです。そして、聖徳太子は多くの財宝を取り寄せて、その時、天皇の前にいて、この言葉を聞いた人々に「このことだけは絶対に口外をしないように」と言って、引き出物まで与えて、その秘密を守ろうとしたのです。

ところが、ある人が大臣の蘇我《そがの》馬子にこのことを語ったので、馬子は「それは自分のことを言っているのだ」と思って、ある家来に言いつけて、結局、天皇を暗殺させてしまったのです。だから、たとえ天皇の御身であっても、思っていることをたやすく口に出してはいけないということです。

よく「口は災いの元」と言いますが、皆さんも、そのような経験が一回や二回はあるのではないでしょうか。このことをおっしゃっているのです。

我々にとっても、怒《いか》りはタブーであります。そのためには、しっかりとお題目を唱えて、我々自身が、わずかのことに動揺して、怒ることをやめていけばいいのです。このことは皆さん方もよくお解りのことと思いますけれども、しっかりとお互いに気を付けていきたいと思います。

では、本文に入ります。

ここに**「蔵《くら》の財《たから》よりも身の財すぐれたり。身の財より心の財第一なり。此の御文を御覧あらんよりは心の財をつませ給ふべし」**とありますが、「蔵の財」というのは、これは読んで字の如く、物質的な富《とみ》を言います。物質的な富は、人の幸せの上から言うならば、たしかに一つの条件ではありますけれども、幸せのすべてではないでしょう。むしろ物質的な富によって、人間としての豊かさなどが失われてしまうことも多々あります。

次の「身の財」というのは、健康や身に付いた能力や技術、あるいは社会的な地位などでありますけれども、これも幸せのための絶対的な条件とはなりません。

それに対して「心の財」とは、心の豊かさであります。妙法蓮華経を信仰し、その功徳によって得た心の豊かさが大事なのです。

その人間性の大きさ、あるいは包容力、豊かさこそが、自他共の幸せを築く最善の原動力であるということを、私達はよくよく知らなければなりません。しかも、それは表面的、あるいは一時的な幸せではなく、基本的、絶対的な幸せのためにも、まず私達は心の財を求めていくことが最も肝要であります。

特に今、末法濁悪《じょくあく》の世の中にあって、一人ひとりがこの心の財を積んで妙法広布に生きることが、いかに尊く肝要であるかを知らなければなりません。それには、まず己《おの》れ自身がしっかりとお題目を唱えていくことが大事であります。お題目の功徳によって、怒る心も、きちんと収まるのです。そして、お題目をしっかり唱えていけば、それが自然に身に付いてきます。これが功徳です。このことは、私が言うまでもないことだと思います。

次も『崇峻天皇御書』の一文です。

### 4　崇峻天皇御書

孔子《こうし》と申せし賢人は九思一言とて、こゝ《九》のたび《度》おも《思》ひて一度《ひとたび》申す。周公旦《たん》と申せし人は沐《もく》する時は三度《みたび》握り、食する時は三度はき《吐》給ひき。たしかにき《聞》こしめ《食》せ。我《われ》ばし恨《うら》みさせ給ふな。仏法と申すは是《これ》にて候ぞ。一代の肝心は法華経、法華経の修行の肝心は不軽《ふきょう》品にて候なり。不軽菩薩の人を敬ひしはいかなる事ぞ。教主釈尊の出世の本懐は人の振る舞ひにて候ひけるぞ。穴賢《あなかしこ》穴賢。賢きを人と云ひ、はかなきを畜という。

（御書一一七四ジペー一〇行目）

これは『崇峻天皇御書』の末尾の御文であります。

ここで「孔子《こうし》」について出ておりますけれども、孔子は中国の春秋時代の思想家で、皆さん方もよく御存じのことと思います。儒学の開祖でありまして、父親は没落貴族であったとも言います。父母は共に早逝《そうせい》して、貧しいなかで育ったとされ、成人して魯《ろ》の国、これは周公旦《たん》を始祖とする国でありますが、その魯国に仕えました。そして、理想政治の実現を目指して政治改革を行いましたが、失敗いたしまして、そのあと諸国を遍歴しました。当時、政治的には下剋上の風潮が強くて、礼が失われていましたけれども、孔子は周公旦の政治を理想として、まさに礼をもって世の中を治めようとしたのであります。

周公旦は周代の政治家でありまして、有名な文王の子であります。兄の武王を助けて、殷《いん》の紂《ちゅう》王を滅ぼした人であります。

殷の紂王というのは、御書にも出てくる悪王です。愛妃《あいひ》の妲己《だっき》に溺《おぼ》れて、酒池肉林の長夜の宴《うたげ》にふけり、また良臣、つまり良き部下を殺して、そして民衆を苦しめたと言われております。

武王の死後は、武王の子の成《せい》王が幼かったために、代わって周公旦が政治を執っていたのであります。周公旦の政治は、社会の道徳を慣習化した礼を基礎にしたことが特色とされておりまして、後世《こうせい》、孔子などの儒者からも深く尊敬されたのであります。

孔子は十三年間、各地を流浪《るろう》し、礼楽《れいがく》の治《ち》を行う国を求めました。礼楽というのは、行為を慎ませる礼儀と、心を和ませる音楽のことで、中国では古くからこれが生活規範として尊重されていたようであります。しかし孔子は、いずれも成功せず、生まれの魯国に帰ってからは多くの弟子の育成に努め、その孔子の言行を集録したものが『論語』であります。

その思想は、仁を重んじ、学問は実践を伴い、他人を思いやり、信義を持つことが強調されております。また、彼の政治思想は、家族倫理に基づく礼を広げて、徳で治めて礼で規制する、王道政治を理想としたのであります。彼の思想は長く中国社会に影響を及ぼしております。

この孔子について**「孔子と申せし賢人は九思一言とて、こゝのたび《九度》おもひ《思》て一度《ひとたび》申す」**と仰せであります。すなわち、物事の是非、善悪を充分に考察した上で言葉を出すという意味でありますが、「九思」は『論語』で説いている君子の思う、明・聡・温・恭・忠・敬・問・難・義という九つの事柄のことで、この九つの思いを重ねた上で一言を出《い》だすとの意味で、九思一言と言うのであります。

大聖人様は、

「わざわいは口より出でて身をやぶる」（御書一五五一ジペー）

と仰せであります。あるいはまた、世間でも「口は災いの元」と言いますように、言葉によって身を滅ぼすことが多々ありますから重々気を付けなければなりません。

特に、先程も言いました通り、折伏の時は大事です。普段も大事でありますけれども、折伏に行って、けんかをしてはだめです。相手が邪義邪宗で固まっている時には、どうしても言葉が荒くなるかも知れないけれども、こちらの気持ちはいつも平常でなければいけません。

皆さんは言い争ったあとで「失敗したな」と思うような体験がありませんか。たいてい、あるでしょう。私達は、厳しい言葉を使うことはあっても、折伏は相手を救うわけですから、怒り心頭に発して乱暴なことを言ってはいけません。

重々解っていらっしゃるとは思うけれども、これはお互いに気を付けていかなければならないことですから、大聖人様は「わざわいは口より出でて身をやぶる」と、私どもに注意せよとおっしゃっているのであります。

また**「周公旦と申せし人は沐《もく》する時は三度《みたび》握り、食する時は三度はき《吐》給ひ**

き」と仰せになっています。周公旦は、髪を洗っている時に客人があれば、その途中でも髪を握って、客を迎えたということです。また、食事中で口の中に食べ物があっても、その食べ物を吐き出して、客を待たせないで会いに行ったのであります。

私達の生活、特に折伏に当たっても、こういう心掛けが大事で、相手のことを考えての行動というのは、どこかで必ず感謝されるのです。このような例もあるのですから、やはり折伏の時には本当に心を豊かにして、一緒になって怒って、けんかしてしまわないようにしなければなりません。

もちろん、叱《しか》る時は叱っていいのです。間違った邪宗邪義を行っているのであれば、それはやはり叱らなければなりません。けれども、怒ってはだめなのです。

昔、私も師匠に、そう言われたことがあるのです。ある御信者さんが、何かで「もっとしっかりしろ」と師匠に叱られていたのです。そうしたら、その御信者さんが「そんなに怒らないでくださいよ」って言ったのです。すると師匠は「怒ってないよ。叱っているんだよ」って言い返したそうなのです。

これは要するに、自分の中に相手を思う心があるか、どうかなのです。ですから、こんちくしょうとか、そのようなことを思ってはだめです。それでは畜生の心です。しっかりと相手を思う気持ちで話せば、たとえ言葉が足りなくても、相手は理解してくれるはずです。そういうものです。

その上から、大聖人様は**「たしかに聞《きこ》し食《め》せ。我《われ》ばし恨《うら》みさせ給ふな。仏法と申すは是《これ》にて候ぞ」**と仰せになっております。すなわち「私の言ったことを、しっかりと聞きなさい。私の言葉を聞かずして失敗し、私を恨まないようにしなさい。仏法というのは、このことを言うのである」とおっしゃっているのであります。

続いて**「一代の肝心は法華経、法華経の修行の肝心は不軽品《ふきょう》にて候なり。不軽菩薩の人を敬ひしはいかなる事ぞ。教主釈尊の出世の本懐は人の振る舞ひに**

て候ひけるぞ。穴賢穴賢《あなかしこ》。賢きを人と云ひ、はかなきを畜という」と仰せであります。

釈尊一代五十年の説法の肝心は法華経であり、その法華経の修行の肝心は何かと言うと、不軽品であるとおっしゃっているのです。

そこで、その不軽品を拝しますと、

「時に増上慢の四衆の、比丘《びく》、比丘尼《に》、優婆塞《うばそく》、優婆夷《い》の、是《こ》の人を軽賤《きょうせん》して、為に不軽の名を作《な》せし者、其《そ》の大神通力、楽説《ぎょうせつ》弁力、大善寂力《じゃくりき》を得たるを見《み》、其の所説を聞いて、皆《みな》信伏随従す」（法華経五〇二ジペー）

とあります。

この御文は不軽菩薩について述べられている箇所でありますけれども、御承知のように不軽菩薩は、威音王《いおんのう》仏の滅後、像法時代に出現をいたしまして、一切衆生に仏性があるとして人ごとに礼拝讃歎《らいはいさんだん》したのであります。そして、

「我深く汝等《なんだち》を敬う。敢《あ》えて軽慢《きょうまん》せず。所以《ゆえ》は何《いか》ん。汝等皆《みな》菩薩の道《どう》を行

じて、当《まさ》に作仏《さぶつ》することを得《う》べし」（同五〇〇ページ）

と唱えて、会う人ごとに対して専《もっぱ》ら礼拝行を行ったのであります。また、遠くにいる人達に対しましても、

「我敢えて汝等を軽《かろ》しめず。汝等皆、当に作仏すべきが故に」（同ページ）

と言って、つまり「私は、あなた方を軽んじません。あなた方は必ず仏と成るべきであるからであります」と言って礼拝をしたのです。

しかし増上慢の四衆、いわゆる比丘・比丘尼・優婆塞・優婆夷らは、この不軽菩薩に対して瞋恚《しんに》の心、怒りの心をもって、

「是の無智の比丘、何《いず》れの所より来《きた》って、自ら我汝《なんじ》を軽しめずと言って、我等が与《ため》に当に作仏することを得べしと授記する。我等、是《かく》の如き虚妄《こもう》の授記を用いず」（同ページ）

と言いました。つまり、不軽菩薩を軽んじて、「この無智の悪比丘は、どこからやってきたのか。自分で『あなたを軽んじない』と言い、我々のことを『必

ず仏に成ることができるだろう』と予言しているが、我らはそのような偽《いつわ》りの予言などは用いない」と言って、悪口罵詈《あっくめり》したのであります。

しかし不軽菩薩は、悪口罵詈されながらも瞋恚の心を生ぜず、多年にわたって常に、

「汝当に作仏すべし」（同五〇一ジペー）

と言って、礼拝行をやめなかったのであります。

そのために増上慢の四衆は、不軽菩薩に対して杖木瓦石《じょうもくがしゃく》をもって打擲《ちょうちゃく》し、迫害を加えたのであります。しかし、不軽菩薩はそれでも、それを避けて遠くに行き、なお声高《こわだか》に、

「我敢えて汝等を軽しめず。汝等皆当に作仏すべし」（同ジペー）

と言って、礼拝行を続けたのであります。

ひたすら礼拝行を続けた不軽菩薩は、その功徳によって命が終わらんとする時に、威音王仏の説かれた法華経を虚空《こくう》のうちに聞いて、ことごとく受持し、

六根清浄を得終《え》わってさらに寿命を延ばすこと二百万億那由他《なゆた》歳、その間、広く人々のために法華経を説いたのであります。

その結果、かつて不軽菩薩を軽蔑《けいべつ》して悪口罵詈し、杖木瓦石をもって迫害した増上慢の四衆、すなわち不軽菩薩を軽しめて「不軽」と名付けた者達も、但行《たんぎょう》礼拝の功徳によって不軽菩薩が大神通力、楽説弁力、大善寂力を得たるを見て、また、その説くところを聞いて皆、信伏随従するに至ったという話であります。

このなかで、大神通力というのは身に神通力を示現《じげん》することであります。また、楽説弁力というのは自在無礙《むげ》に弁舌する力で、大善寂力というのは心に禅定を得ることであります。この禅定とは、心を静めて真理を観察し、心身共に動揺することがない安定した状態で、この三つを得ることができたのであります。

『法華文句』には、この三力を身口意《しんくい》の三業、および衣座室の三軌《き》に配して

おりまして、

「不軽菩薩が、一切衆生に仏性ありとして人々を軽んぜず、深く敬ったのは、衣座室の三軌のうちには如来の座に当たる。悪口罵詈・杖木瓦石の難を忍んだのは如来の衣を著《き》るに当たり、慈悲の心をもって常に礼拝行を続けたのは如来の室に当たる。また、不軽菩薩が四衆を深く敬ったのは、身口意の三業に当てはめれば意業に当たり、『我深く汝等を敬う』等の二十四字を説いたのは口業に当たる。そして故《ことさら》に往《ゆ》いて礼拝するのは身業に当たる」（文句会本下四五一ページ取意）

とおっしゃっております。

すなわち不軽菩薩は、この礼拝行を通して衣座室の三軌を身口意の三業にわたり行じた功徳によって、大神通力等の三力を得、また、これを目の当たりにした増上慢の四衆も、さすがに不軽菩薩に信伏随従するに至らざるをえなかったのであります。

ここに我々の信心、特に折伏においてもまことに大事なことが示されていると思います。

折伏には、説得力が必要であります。説得力が乏しいと、相手はなかなか信じません。したがって、説得力を身に付けなければなりませんが、説得力と言っても、言葉が巧《たく》みなだけでは、相手は入信しません。

大聖人様は『法蓮抄』に、

「凡夫は此の経は信じがたし。又《また》修行しても何の詮《せん》かあるべき。是《これ》を以《もっ》て之《これ》を思ふに、現在に眼前の証拠あらんずる人、此の経を説かん時は信ずる人もありやせん」（御書八一四㌻）

と、折伏に当たって最も説得力があるのは、信心の功徳を現証として示すことだとおっしゃっているのです。つまり「この信心をすれば幸せになれますよ」と言っても、それを示すものがないとだめなのです。

我々の折伏も、まさにこの不軽菩薩の大神通力、楽説弁力、大善寂力を目の当たりにした増上慢の四衆が等しく、その説くところを聞いて信伏随従するに至ったように、信心の確《かく》たる現証を身で示していくことが大切です。そのためには、やはり、まず自らが自行化他にわたる信心を、しっかりと行っていかなければならないのであります。自行化他の信心に励むところ、妙法の広大なる功徳によって、必ず私達自身もまた、不軽菩薩と同様に、自然と大神通力、楽説弁力、大善寂力を得ることができるのであります。

大聖人様は『御義口伝』に、

「所詮今《いま》日蓮等の類《たぐい》南無妙法蓮華経と唱へ奉る行者は末法の不軽菩薩なり」（同一七七八㌻）

と仰せであります。すなわち、私達が不軽菩薩と同様に大神通力、楽説弁力、大善寂力を得ることができれば、おのずと我々の身口意の三業にわたる所行のすべてが折伏に役立つ、強烈な説得力を持つことになるのです。

例えば、折伏の言葉一つを取っても、自然と楽説弁力などの功徳が発揮されて、相手の信頼を得ることができるのであります。

折伏は結局、我々の言っていることを、相手が信じてくれなければ何もなりません。相手の信頼に足る言葉、相手の信頼に足る行い、そして意《こころ》がなければ、折伏は成就しないのであります。

大御本尊への絶対信をもって自行化他の信心に励む時、まさに妙法の広大なる功徳によって、自らが変わり、相手が変わり、折伏成就に至るということを、よくよく知らなければなりません。一人ひとりがこのことをしっかりと認識せられて、お題目を唱え、自らが勇気を持って折伏に出るようにしていただきたいと思います。

今、宗門は僧俗挙げて、来たるべき令和三年・法華講員八十万人体勢構築の実現へ向けて前進をしております。かかる時に当たり、皆さん方には一人も漏れず折伏に立ち上がっていただき、誓願を必ず達成されることを望んでおります。

私達の信心は、そもそもが自行化他にわたる信心であり、御書にある、

「自行計《ばか》りにして唱へてさて止《や》みぬ」（同一五九四ジペー）

というような、自行だけの信心ではだめです。自行と、化他つまり折伏、この二つが相俟《あいま》って信仰せられていくところに、本当の功徳があるのです。このなかにはいないと思いますけれども、「お題目さえ唱えていれば、それでことが済むのだ」と思っていたら、少し違うのです。自行化他にわたる信心というのは、まさにこのことをおっしゃっているのです。

「一文一句なりともかたらせ給ふべし」（同六六八ジペー）

とありますが、折伏をする時に、何かけんかをするような、人をやっつけに行くような気持ちがあったならば、それは違います。相手の本当の幸せを願うのが折伏ですから、それには根気が必要です。一回行って「あいつはだめだ」などと言ってはいけません。時間を置いて、また行けばいいのです。

私の師匠の観妙院は、よく「下種先をたくさん持っていなさい」と言ってお

りました。それで「AさんがだめならBさん、BさんがだめならCさんへと行って、そのうちまたAさんの家へ行ってごらんなさい。そうして、下種先をたくさん持って折伏をしていくと、どこかで必ず、私も信心しますと言う方が出てくる」ということをおっしゃっていました。

もちろん、折伏というのは、そんなやさしいものではありません。難しいと思います。でも、やらなければならない。広宣流布達成が我々の大願であり、広宣流布というのは一人でも多くの人を折伏していくことであります。そして、自行ばかりの信心はだめであり、自行化他にわたる信心が功徳の源泉で、これによって私達は幸せになれるのです。

だから「一文一句なりともかたらせ給ふべし」で、ひとことでも「この信心をしませんか」と声を掛けてあげる、そういった地道な戦いが、一つの折伏の成果に必ずつながっていくのです。このことは皆さん、百も二百も重々、承知のことと思いますけれども、このことを忘れずに、みんなで頑張っていきたいと思います。

なにしろ今、宗門は令和三年・法華講員八十万人体勢構築へ向かって前進をしております。誓願の期日まで、あと一年半以上あります。短いと言えば短いけれども、長いと言えば長いでしょう。これだけ時間があるのだから、必ずできます。時間がないなどと思っていたら、達成できません。だから、みんなで「まだ一年半ある」と思えばいいのです。一年半といえば、すごい日数です。五百日以上もあります。五百日もあったならば、なんとかなるのではないでしょうか。

皆さん方は実践していらっしゃるから、私が言うまでもないことだとは思いますけれども、やはり今日、参加された皆さん方一人ひとりが折伏に立ち上がることです。そうしませんと、大聖人様に、御本尊様にお約束したことが全くかなわなくなってしまいます。それでは我々の信心は、いったいなんなのか、御本尊様に申しわけが立ちません。ですから、今日から皆さん方の一人ひとりが自行化他の信心に励んで、来たるべき令和三年の大聖人御聖誕八百年を見事、迎えるようにしていただきたいとお願いをする次第であります。

本日は、時間が来ましたので、これをもって終了いたします。

御法主日如上人猊下御講義

# 御書要文 第二期

令和元年五月二十六日
御講義テキスト（一一ページ一行目～一二ページ六行目）

皆さん、おはようございます。

本日は、テキストの五番目の『上野殿御返事』からお話をいたします。

**５　上野殿御返事**

**抑《そもそも》今の時、法華経を信ずる人あり。或《あるい》は火のごとく信ずる人もあり。或は水のごとく信ずる人もあり。聴聞する時はも《燃》へた《立》つばかりをもへ《思》ども、と《遠》をざかりぬればす《捨》つる心あり。水のごとくと申すはいつもたい《退》せず信ずるなり。此《これ》はいかなる時もつね《常》はたい《退》せずと《訪》わせ給へば、水のごとく信ぜさせ給へるか。（御書一二〇六㌻一四行目）**

この御書は、大聖人様が五十七歳の時、建治四（一二七八）年二月二十五日に、南条時光殿からの御供養に対する御返事として認《したた》められたものであります。

皆さん方も既に御承知の通り、この南条時光殿は駿河国《するがのくに》富士郡上野郷（現在の静岡県富士宮市）の地頭であります。

今、この総本山大石寺の住所は静岡県富士宮市上条となっておりますが、少し前までは静岡県富士郡上野村上条と言っていたのです。ですから、地元の人達も上野と言えば、だいたい総本山の近辺を指すようになってはいるのですが、公式の地名からは上野がなくなってしまったのです。

南条時光殿は、この上野郷の地頭であったので、住んでおられた地名にちなんで「上野殿」と呼ばれたのであります。ですから、御書のなかには「上野殿」と「南条殿」の両方の呼び名をもって示されているのであります。

この南条殿は、幼いころから大聖人様に帰依され、特に大石寺開基の日興上人を師兄と仰いで、本当に純真な信心を貫き通されたのであります。

特に熱原法難の時には、御信徒の中心者として活躍され、僧俗を守って外護の任を果たしたのであります。そして、それを御覧になった大聖人様は、南条

時光殿に対して、お手紙のなかで、

「上野賢人」（御書一四二八㌻）

とまでおっしゃっています。

賢人とは、知恵があって行いが優《すぐ》れた賢明な人、賢者という意味でありま す。これは、信心の上でも強盛《ごうじょう》な者のことを言うのであり、大聖人様の御書の なかでも賢人と仰せられたのは南条時光殿だけなのです。時光殿が非常に熱心 な信者であったことが、このことからも拝せられるのであります。

また、妻の妙蓮と共に、たくさんの御供養をなされております。特に、熱原法難のあと、幕府の様々な弾圧があるなか、九男四女のお子さん達を育てながら、さらに、この上野の地をしっかりとまとめながら、大聖人様に御供養申し上げ、御奉公の誠《まこと》を尽くされたのであります。

そして、大聖人様の滅後は日興上人にお仕えし、正法護持と興隆に努められたのであります。特に、日興上人が身延を離山されて上野へ来られた時には、昔はこの辺を「大石ガ原」と呼んでいたようでありまして、南条時光殿は日興上人に進んで大石ガ原一帯の土地を御供養され、ここに大石寺が建立せられたのであります。このように、大石寺建立の基礎を作られたのが南条時光殿なのであります。

晩年は入道なされまして、沙弥《しゃみ》大行と名乗っておられます。総本山では毎年、祥月命日忌に当たる五月一日に客殿で大行会を奉修し、そのあと南条時光殿のお墓に代表者が詣でております。

まさに南条時光殿は、権力による大きな迫害がたくさんあったなか、そのようなことに一切、屈せず、大法広布のために信心を貫いてきた方です。その信心は、先程言いました通り、大聖人様から「上野賢人」と賜るなど、信徒の鑑《かがみ》と言うべきものであります。

また『上野殿御返事』や『南条殿御返事』など、たくさんの御書を頂き、大聖人様から細々《こまごま》とした御指導、様々な御指南を頂戴しております。そういう意味では、大聖人様に非常に近い関係であったとも言えると思います。

さて、ただいま拝読いたしました『上野殿御返事』の内容は、まず初めに南条時光殿からの御供養の品を挙げられています。「蹲鴟《いものかしら》」つまり八頭《やつがしら》あるいは里芋だとか、「串柿」これは串に刺した柿ということですから干し柿です。こういった種々の物を、大聖人様に御供養されているのであります。

そのあと、阿育大王が過去世に徳勝童子の時、土の餅《もちい》を仏様に供養した功徳によって大王と生まれたという故事を引かれ、釈尊と法華経とを対比し、釈尊を供養してさえも、これほどの功徳があるのだから、まして法華経、この法華経は詮ずれば御本尊という意味になりますので、この御本尊に蹲鴟とか串柿などを供養した時光殿の功徳は、どれほど大きいか、計り知れないほど大きいものである、と述べられております。

また、徳勝童子の時と対比されながら、飢饉《ききん》の時に御供養された時光殿の志を愛《め》でて、その功徳がいかに大きいかを述べられております。もちろん、御供養ですから、すべて尊いのですけれども、あえて比較すれば、物が有り余っている時に御供養をするよりも、自分自身が大変な状況のなかでも、欠かさずに大聖人様に御供養する志の尊さを、大聖人様は褒《ほ》めておられるのであります。

そのあと、テキストの御文につながり、**「抑《そもそも》今の時、法華経を信ずる人あり。或《あるい》は火のごとく信ずる人もあり。或は水のごとく信ずる人もあり。聴聞する時はも《燃》へた《立》つばかりをも《思》へども、と《遠》をざかりぬればす《捨》つる心あり」**と仰せです。この御文を拝して、思い当たる人はいませんでしょうか。

火の如き信心というのは、この御文にありますように、聴聞する時は燃え立つばかり、非常に盛んに、一心に御信心なさるけれども、遠ざかってしまうと、どうも捨てる心が出てくる人のことです。初めは熱しやすいが、冷めてくると、だんだんと持続性がなくなってしまうような信心です。

これは、人間の性《さが》のようなもので、だれにでも、そういった癖《くせ》のようなものはあるものです。ですから大聖人様は、そのことを見抜かれ、信心の上ではしっかりと気を付けて、永続的にしていかなければいけないと、おっしゃっているのであります。

この火の信心と水の信心については、『御講聞書《ききがき》』に、

「火の如しとは、此の経のいわれを聞きて火炎《かえん》のもえ立つが如く、貴く殊《しゅ》勝《しょう》に思ひて信ずれ共《ども》、軈《やが》て消え失ふ。此《これ》は当座は大信心と見えたれ共、其《そ》の信心の灯《ともしび》消ゆる事やすし」（同一八五六㌻）

とおっしゃっております。

すなわち、火の信心というのはパッと燃えるけれども、その火種《ひだね》がなくなってしまうと、とたんに消えてしまう、つまり信心の姿勢をなくしてしまうということです。

これに対しまして、水の如き信心とは、**「水のごとくと申すはいつもたい退《たい》せず信ずるなり。此《これ》はいかなる時もつ常《ね》はたい退《たい》せずとわ訪《わ》せ給へば、水のごとく信ぜさせ給へるか」**と仰せであります。

つまり、熱しやすく冷めやすい、不安定な火の如き信心ではなくして、常に滔々《とうとう》と流れて止《や》むことがない、水の如き持続性のある不断の信心が大事である、とおっしゃっているのです。

したがって、同じく『御講聞書』に、

「水の如きの行者と申すは、水は昼夜不退に流るゝなり。少しもやむ事なし。其の如く法華経を信ずるを水の行者とは申すなり」（同ジペー）

と、滔々と流れて少しも止《とど》まることがない水の如き信心が大事であると述べられております。

これは皆さん方もよく聞かれるように、滔々と流れる水は、一見、静かなようでありますけれども、絶えることなく流れることによって、大きな岩をも削り、あるいは動かしてしまうほどの力を持つのであります。

我々の信心も、そうなのです。絶えることなく信心を続けることが大事です。様々な罪障や色々な問題があっても、持続していく信心の力によって必ず、どんな大きなものでも打ち砕くことができるのであります。

ですから、常に休みなく前進し続ける信心、具体的に言うならば、昨日よりは今日、今日よりは明日と、日々成長しながら広布のために挺身《ていしん》することができる信心、これが水の如き信心です。そして、いかなる苦難や困難にも負けず、一生成仏を期して、たくましく修行するなかで、自他共の幸せを招来していくのが最高の信心であると、大聖人様はおっしゃっているのであります。

まさに信心は「いかなる時もつねはたいせず（中略）水のごとく信ぜさせ給へる」ことが大事であると、我々は知らなければならないと思います。

次は、六番目の『上野殿御返事』です。

## ６　上野殿御返事

**此《こ》の人は先世《せんぜ》の宿業《しゅくごう》か、いかなる事ぞ臨終に南無妙法蓮華経と唱へさせ**

給ひける事は、一眼のかめ《亀》の浮木の穴に入り、天より下《くだ》すいと《糸》の大地のはり《針》の穴に入るがごとし。あらふしぎ《不思議》あらふしぎ。又念仏は無間《むけん》地獄に堕《お》つると申す事をば、経文に分明《ふんみょう》なるをばし《知》らずして、皆人《ひと》日蓮が口より出《い》でたりとお《思》もへり。文はまつげ《睫毛》のごとしと申すはこれなり。

（御書一二一八㌻一六行目）

この御書は、弘安元（一二七八）年四月一日、大聖人様が御年《おんとし》五十七歳の時に認《したた》められたもので、南条時光殿の御供養と、石川兵衛《ひょうえ》入道の子供である姫御前の死去についての報告に応えられております。

内容を見ますと、南条時光殿の姪《めい》に当たる石川兵衛入道の娘が死去したことを悼《いた》まれ、次に釈尊の経説のなかでは法華経のみが真実であることを示されて、姫御前が臨終に南無妙法蓮華経と唱えたことを称賛されております。そして、末法には余経も法華経も成仏得道の法とはならず、ただ南無妙法蓮華経に限ることを明かされて、一層の信心を勧《すす》められているのであります。

ちなみに、石川兵衛入道という方は駿河国《するがのくに》富士郡重須《おもす》の地頭でありました。この重須というのは、大石寺のある上野の隣で、今は北山という地名になっております。北山には、今は別の宗派になっておりますが本門寺という寺があり、日興上人はそこで御入滅あそばされております。

また、石川さんは入道して道念日実と名乗っていたようでありますが、その奥さんは南条時光殿の姉であり、言うならば隣村にお嫁に行ったということになるのです。そういう関係でありますから、石川さんも早くから日興上人や南条時光殿によって大聖人様の仏法を聞き、帰依していたと思われます。

さて**「此《こ》の人は先世《せんぜ》の宿業《しゅくごう》か、いかなる事ぞ臨終に南無妙法蓮華経と唱へさせ給ひける事は、一眼のかめ《亀》の浮木の穴に入り、天より下《くだ》すいと《糸》の大地のはり《針》の穴に入るがごとし。あらふしぎ《不思議》あらふしぎ」**と仰せであります。

亡くなられた姫御前というのは、今言った南条家からお嫁に行って、お出来になった娘さんです。その姫御前が臨終に南無妙法蓮華経と唱えたことは、前世の宿業か、いかなることかと仰せであります。これはまさに一眼の亀がたまたま浮木に出値《であ》って、その穴に入ることのできたようなものであり、また天から下した糸が大地に立てた針の穴に通《とお》ったようなものであると、まことに奇《く》しきことであると仰せになっております。

皆さん方も、一眼の亀の話は聞いておられるでしょう。『松野殿後家尼御前御返事』にも詳しいので、それを解りやすく申し上げますと、

「大海の八万由旬《ゆじゅん》という深い底に亀がいた。その亀には手足もなく、鰭《ひれ》もなく、腹の熱いことは鉄を焼いたようなもので、背中の甲羅《こうら》の寒いことは雪山《せっせん》にも似ている。つまり、腹は熱いけれども背中は寒い。

この亀が昼夜朝暮《ちょうぼ》に願い、時々刻々に口癖のように言っていることは、この熱い腹を冷やし、寒い甲羅を暖めたいということであった。

赤栴檀《しゃくせんだん》という木があるが、この木は聖木と言われるほど優れた木で、人

間のなかの聖人のようなものである。これに対して、他の一切の木を凡木と言い、これは愚人のようなものである。

この赤栴檀は亀の腹を冷やす木であり、亀はなんとかしてこの赤栴檀の木に登って、腹をその穴に入れて冷やし、甲羅を天の日に当てて暖めたいと願っていた。

しかし、その亀は千年に一度、八万由旬の海底から出るのが自然の法理であり、たとえ海面に現れたとしても、赤栴檀の木に値うということは、たいへん難しい。さらに、大海は果てしなく広く、亀は小さい上、浮木は稀《まれ》である。たとえ他の浮木に値うことはあっても、赤栴檀の浮木には、なかなか値えない。

また、赤栴檀の浮木に値ったとしても、亀の腹の大きさに合わせて彫ったような、適当な大きさの穴がある浮木に値うことは困難である。もし、大き過ぎて穴に身体が落ち込んでしまったならば、背中の甲羅を暖めることができないばかりか、だれも拾い上げてくれないだろう。しかし、逆に穴が狭くて腹を穴に入れることができなければ、波に洗い落とされて大海に沈んでしまうだろう。

たとえ、不思議にも赤栴檀の浮木の穴に、たまたま巡り値ったとしても、亀は一眼の僻目《ひがめ》であるために、浮木が西に流れるのを東と見誤り、急いで乗ろうと思って泳げば、ますます浮木から遠ざかってしまう。同じように、東に流れるのを西と見たり、南北も同じように見誤って、浮木から遠ざかるばかりで、なかなか近づくことができない。

このように、無量無辺劫の長い間かかっても、この一眼の亀が赤栴檀の浮木の穴に値い難いことを、釈尊は説かれている。

これをもって、私達が法華経に値い難いことに譬える。たとえ法華経には値っても、唱えることの難しい題目の妙法の穴に値い難いことを、我々は心得なければならない」（御書一三五四ﾍﾟｰｼﾞ取意）

ということです。

色々と考えてみると、我々が今、この信心をしているということは、まさに宿縁深厚のしからしむるところであります。値い難き仏法に値えた、この身の福運に、私達は心から感謝しなければなりません。

親子代々の信心であれば、両親に心から感謝しなければならないでしょう。あるいは、だれかに折伏された人であれば、その恩にいかにして報いるかということを考えていかなければならないでしょう。今日《こんにち》、私達が大聖人様の信心に巡り値ったことの尊さを一人ひとりがしっかりと考えて、今度はその尊さを教える、多くの人に大聖人様の仏法を知らしめて折伏する立場になっていかなければならないのです。

また、ここに法華経に値い難いことを述べられ、たとえ法華経に値っても、お題目を唱えることは難しいとおっしゃっています。たしかに、信心しているとは言っても、勤行もしない、折伏もしないという人もいるかも知れません。

しかし、それでは信心をしているとは言えないのでありますから、そういうことも気を付けていかなければならないのであります。

一眼の亀の譬えでは、大海を生死の苦しみに譬え、亀を我ら衆生に譬えて、我らの様々な境界は、まさにこの一眼の亀の如きものであると示されておりまま。また、亀に手足のないのは、我らの身に善根が具わっていないことに譬えており、腹が熱いのは、我らの瞋恚《しんに》の八熱地獄に譬え、背中の甲羅が寒いことは、貪瞋癡《とんじんち》の三毒のなかの貪欲の八寒地獄に譬えているのです。

そして亀が千年の間、大海の底にいるとは、我々が三悪道に堕ちて、長く浮かび上がることができない姿に譬えており、そこから千年に一度、海面上に浮かぶのは、三悪道から無量劫に一度、人間に生まれても、仏様の出世には値い難いことに譬えているのです。

さらに、赤栴檀以外の浮木には値いやすいけれども、赤栴檀の浮木には値い難いのは、まさに法華経以外の一切経には値いやすく、法華経には値い難いことに譬えております。また、たとえ赤栴檀には値ったとしても、適当な大きさの穴に値い難いことは、たとえ法華経に値えたとしても、法華経の肝心である南無妙法蓮華経に値い、これを唱えることの難しさを譬えているのであります。

そして、一眼の亀が東を西と見たり、あるいは北を南と見ることは、我ら衆生が賢明そうな顔をして知恵ある者のように振る舞っていても、それは勝《しょう》を劣と思い、劣を勝と思うようなものであり、衆生の機根に適せず成仏の利益《りやく》のない法を、それが適している正しい法だと見誤ってしまうことを譬えています。

例えば、邪義邪宗の間違った教えに出値ってしまい、法華経が我々の機根に適した最善の法であることを知らずに、真言は勝れて、法華は劣るなどというような誤った教えに執われることは、まことにもったいないことだとおっしゃっているのであります。

このように、一眼の亀が赤栴檀の浮木に値うことの難しさは、まさしく我ら衆生が大聖人様の正法に巡り値い、それを受持することの難しさを譬えているのであります。

ですから、これを考えてみれば、私達がこうして大聖人様の仏法に巡り値い、今、信心をしていることの身の福運に、心から感謝していかなければなりません。様々な因縁の上に、我々の今日があるのです。だいたい、人間として生まれること自体、まさに様々な宿業の因縁によります。

ひとくちに命と言っても、無量無辺、それこそ数えきれない命があります。蚊にも命があるし、犬にも命があるし、魚にも命があるのです。その多くの命のなかで、人間として生まれ、しかも値い難きこの仏法に値い奉ったのです。この因縁を一人ひとりが本当に尊いものと、真剣に考えていかなければなりません。その有り難さを、私達は知らなければならないのです。そうすれば、自分の人生を、けっして無駄にすることはできません。大事に大事に生きていかなければならないということが、よく解るだろうと思います。

次に**「又念仏は無間《むけん》地獄に堕《お》つると申す事をば、経文に分明《ふんみょう》なるをばしら《知》ずして、皆人《ひと》日蓮が口より出《い》でたりとおも《思》へり。文はまつげ《睫毛》のごとしと申すはこれなり」**と仰せであります。

念仏を信仰すると無間地獄に堕ちるということについては、大聖人様は『念仏無間地獄抄』や、そのほかの御書のなかで縷々《るる》お述べになっております。

そもそも、念仏の教えは阿弥陀仏を本尊とし、浄土の三部経と言われる無量寿経・観無量寿経・阿弥陀経を所依の経典としております。

御承知のように、この教えは、この世は苦悩に満ちた穢土《えど》、つまり穢《けが》れた国土であって、もっぱら念仏を称《とな》えることによって阿弥陀仏の本願力《りき》にかない、この穢土を離れて、西方十万億土にある極楽世界に往生《おうじょう》すると言い、まさに「他力本願」の教えを説いているのであります。

また浄土宗では、仏教を難易の二道に分けております。つまり、難行道を自力・聖道《しょうどう》門、易行道を他力・浄土門としまして、難行道というのは、他力に依《よ》らず、自力による修行をもって悟りに達する方法であります。また易行道というのは、彼らが言うには、阿弥陀如来の力にすがって極楽に往生する方法であります。そして、法華経などの難しい行を捨てて、易《やさ》しい行である念仏を行えば、みんな幸せになれると言うのであります。

この易行道は、インドの竜樹の著である『十住毘婆沙論』易行品に、

「仏法に無量の門有り。世間の道に難有り、易有り。陸道の歩行は則《すなわ》ち苦しく、水道の乗船は則ち楽しきが如し。菩薩の道も亦《また》、是《かく》の如し」

とあることを根拠としているのです。つまり、彼らが何を言いたいかというと、陸路の歩行は大変だけれども、水路の乗船は簡単で、船に乗っていけば、自分は動かなくても遠くへ行けるという譬えをもって、菩薩が不退の位に至るには難行と易行との二つの道があって、難行道とは難行苦行によって悟りを得ようとすることで、易行道は仏や菩薩を信じ、その力によって悟りを得ようとするものであり、易行道を選ぶべきであると言っているのです。

しかし所詮、念仏は無量義経に、

「四十余年。未顕真実（四十余年には未《いま》だ真実を顕さず）」

（法華経二三ページ）

と示される、まだ真実が顕されていない教えであります。

さらに、法華経方便品には、

「正直捨方便　但説無上道（正直に方便を捨てて　但《ただ》無上道を説く）」

（同一二四ページ）

と説かれておりまして、釈尊が四十余年間に説かれた教えはすべて、無上道である法華経に導くための方便の教えであるのです。ですから、法華経のみが真実の教えであり、いつまでもその方便の教えにすがっていたのでは、真実の悟りに到達することはできないとおっしゃっているのです。

したがって、念仏が無間地獄に堕ちる教えであるということは、大聖人様が勝手に言っているのではなくして、経文に照らしておっしゃっているのだと、お示しなのであります。

また、こうした明らかな文証があるにもかかわらず、信ずることができない人々の誤りを、目の周りに生えている「まつげ」は近過ぎて見ることができないようなものであると仰せられているのであります。

いよいよ明後年には、大聖人御聖誕八百年の大慶事を迎えます。思えば今、私達が御本仏大聖人様の仏法に巡り値い、さらに宗祖日蓮大聖人御聖誕八百年の大慶事に巡り値えることは、まことにもって宿縁深厚、稀《まれ》に見る福運であり、これ以上の喜びはないのであります。

されば私達は、御宝前にお誓いをした法華講員八十万人体勢構築は、なんとしてでも達成しなければなりませんし、そのために一人ひとりが全力を尽くしていくことが、今、最も肝要であるということを知っていただきたいと思うものであります。

次に、七番目の『太田左衛門尉御返事』に入ります。

7　太田左衛門尉御返事
然《しか》るに法華経と申す御経は身心の諸病の良薬《ろうやく》なり。されば経に云はく「此《こ》の経は則《すなわ》ち為《こ》れ閻浮提《えんぶだい》の人の病《やまい》の良薬なり。若《も》し人病有らんに是《こ》の経を聞くことを得ば病即消滅して不老不死ならん」等云云。又云はく「現世は安穏にして後生には善処ならん」等云云。又云はく「諸余の怨敵《おんてき》皆悉《ことごと》く摧滅《さいめつ》せん」等云云。（御書一二二二ジペー一七行目）

この御書は、弘安元（一二七八）年四月二十三日、大聖人様御年《おんとし》五十七歳の時に、身延から下総国葛飾郡《しもうさのくにかつしか》八幡荘（現在の千葉県市川市）の中山郷に住んでいた太田五郎左衛門尉乗明《じょうみょう》に宛てられた御消息であります。

本書では、まず御供養に対するお礼が述べられ、続いて同氏の五十七歳の厄《やく》年《どし》に対して、それらの身心の苦悩を治す大良薬《ろうやく》が法華経寿量品の事の一念三千であることを明かし、信心を勧められています。

言うなれば、法華経は身体と心の、すべての病の良薬であるとおっしゃっているのであります。

さらに、この御書を見ますと、十二因縁などを説かれて、身心の苦悩は今世では、なかなか免《まぬか》れ難いものであると、厳しく御指導あそばされております。そして、法華経が身心の諸病を除く大良薬なる経証を、つぶさに挙げられ、法華経本迹二門のなかの肝心たる方便・寿量の二品を書写して贈るから、それをお守りとして、肌身離さず所持するように勧めています。

次に、その方便・寿量二品の要旨を説かれ、ことに寿量品の一念三千は一代経の肝心であることを明かすに当たって、まず華厳・真言の元祖の僻見《びゃっけん》を糾弾し、進んで台当《たいとう》事理三千の相違を論じています。この台当事理三千の相違というのは、天台の立てる一念三千と、大聖人様がおっしゃるところの一念三千とでは、事と理において大きな違いがあるということであります。

また、弘経の導師を分別《ふんべつ》して、

「天台大師は迹化《しゃっけ》の衆なり。此の日蓮は本化《ほんげ》の一分」（御書一二二四㌻）

と示されています。たしかに、天台は法華経に通じておりますが、天台は迹化の衆でありますから、天台の教えは末法には通用しないのです。

そして、かかる法華経を信ずるならば、必ず諸天の守護があると明言されております。私達の信心も同じで、一生懸命にお題目を唱えて折伏をする、つまり自行化他の信心をしっかりと行じていけば、必ず諸天善神が我々を守護し給うのであります。

また最後に、

「当年の大厄をば日蓮に任させ給へ」（同㌻）

と仰せられて、安心を与えられております。今日、私達が一生懸命に南無妙法蓮華経と唱え、自行化他にわたる信心をしていく時に初めて「日蓮に任させ給へ」との御意《ぎょい》を拝することができるのでありますから、我々は自行化他にわたる信心がいかに大事であるかを知らなければなりません。

このうち、ただいま拝読の御文は、法華経は身心の諸病を除く大良薬であるとおっしゃって、経証を挙げて御教示あそばされている部分であります。

本文を拝しますと、**「然《しか》るに法華経と申す御経は身心の諸病の良薬なり。されば経に云はく『此《こ》の経は則《すなわ》ち為《こ》れ閻浮提《えんぶだい》の人の病《やまい》の良薬なり。若《も》し人病有らんに是《こ》の経を聞くことを得ば病即消滅して不老不死ならん』等云云。又云はく『現世は安穏にして後生には善処ならん』等云云。又云はく『諸余の怨敵《おんてき》皆悉《ことごと》く摧滅《さいめつ》せん』等云云」**とお示しであります。

このように、ここでは法華経こそが、あらゆる身心の病の良薬であると仰せられておりますけれども、大聖人様は太田乗明に対し、『止観』を引かれて、

「病の起こる因縁を明かすに六有り。一には四大順《じゅん》ならざる故に病《や》む、二には飲食《おんじき》節せざる故に病む、三には坐禅調《ととの》はざる故に病む、四には鬼便《きたよ》り

を得る、五には魔の所為《しょい》、六には業《ごう》の起こるが故に病む」（同九一一ページ）と、病気の起こる原因について六つあるとおっしゃっているのです。

まず「一には四大順ならざる故に病む」とありますが、我々の身体を構成しているところの地水火風を四大と言います。我々の身体は地水火風の和合によって出来ているのであり、この四大が順調でないと身体を壊すとおっしゃっているのです。

これは、骨、髪、毛、爪、歯、皮膚、筋肉などを地とし、血液などを水としています。それから身体の熱気、体温が火で、呼吸のことを風とするのです。したがいまして、この地水火風の四つが不順、すなわち、その調和を崩すと病気になるとおっしゃっているのであります。

例えば、寒い時に薄着をすると、どうなりますか。風邪を引くでしょう。そういうように、通常の調和が崩れると病気になるということです。

次が「二には飲食節せざる故に病む」とおっしゃっています。すなわち、飲み食いに節制がなく、暴飲暴食したり、あるいは規則正しく食事を摂らないと病気になるということです。

例えて言うならば、毎日、夜中にたくさんごはんを食べて、浴びるほどお酒を飲んでいたら、どうなりますか。これで病気にならないとしたら、おかしいでしょう。このなかには思い当たる人はいないと思うけれども、日々の飲食にも、本当に気を付けなければいけないのです。辛いものとか甘いもの、お酒ばかりといった偏食をしたりしていると、どうしても五臓に負担がかかって、身体に悪いでしょう。やはり規則正しく食事を摂ることは、とても大事であります。

三番目が「三には坐禅調はざる故に病む」で、坐禅が調っていないと病気になるとおっしゃっているのです。

坐禅というのは、きちんと座り、姿勢を正して精神を集中させる行法です。禅宗などで坐禅を組んだりしますけれども、一般的には、坐禅は端座して精神を集中させることで、言い換えるならば、規則正しく生活するという意味でありま す。つまり、その坐禅が調わないと、日常生活におけるリズムが崩れてしまいますから病気になると言われているのであります。

例えば、昼間寝ていて夜起きたりして睡眠時間が不規則になったりするのは、やはり良くないのです。不節制をしていると、身体はどんどん悪くなってしまいます。昔から、このように言われているのだけれども、なかなか守れないのが我々なのです。

それからもう一つ、精神の集中が乱れると病気になるという意味もあります。物事に対しては、精神を集中させて乗りきっていくことが必要ですが、そういったものがないと、どうしても生活がだらだらになってしまうのです。すると、病気にもなるとおっしゃっているのであります。

四番目には「四には鬼便りを得る」とおっしゃっています。鬼というのは鬼神のことでありまして、これは、けっしてお面のような鬼が来るわけではありません。鬼神とは目に見えない超人的な力を有する用《はたら》きに付けられた総称で、仏法では夜叉《やしゃ》、羅刹《らせつ》、阿修羅、梵天、帝釈などを指します。

このなかでも、夜叉、羅刹、阿修羅など、時に人の功徳や命を奪い、蝕《むしば》んでいくような恐ろしい鬼を悪鬼神と言い、梵天とか帝釈など、仏法を守護し国土を守るのは善鬼神と言って、その用きに違いがあるのであります。

ここでは、夜叉、羅刹、阿修羅などの悪鬼が、我々が邪念を持つことに乗じて、すなわち「便りを得」て、地水火風の四大や、心臓・肝臓・肺臓・脾《ひ》臓・腎《じん》臓の五臓などに入り込んで病気を呼ぶ、とおっしゃっているのです。

これは、なかなか我々の目には見えないものです。ですから昔の人は、こういった目に見えないものを「鬼が来た」と表現したのであります。現代では医学が発達し、様々なウイルスとか結核菌、あるいは赤痢《せきり》菌なども発見されて、その原因がだんだん解ってきましたけれども、昔はそれが解らなかったのです。それで、鬼が便りを得た病気であると表現していたのであります。

五番目は「五には魔の所為」と、病気になるのは魔の仕業《しわざ》だとおっしゃっております。仏法では、欲界を支配する第六天の王様を魔王と言っておりまして、転じて、その仕業として悟りを妨げるところの煩悩や疑惑、懈怠《けだい》など、衆生の心を悩乱させる用きを魔と言っているのです。

ですから、この魔は「殺者」人を殺す者、「能奪命者《のうだつみょう》」能《よ》く命を奪う者、「障礙《しょうげ》」悟りを妨げる者、あるいは「破壊」などと訳されます。

『摩訶止観』には、魔について陰《おん》魔と煩悩魔、死魔、天子《てんじ》魔の四つが挙げられております。

初めの「陰魔」とは、人間の肉体と精神を構成する色受想行識の五陰を言っているのです。この色というのは物質、受というのは印象とか感覚、想とは知覚とか表象、行とは心の作用、識とは心のことであります。この調和が乱れると、病気になるということです。

これは仏道修行に障害をなすところの魔であり、魔に犯《おか》されると、なかなか思うように、ことが進まなくなってしまう、さらには思うこと自体がおかしくなってしまうのです。ですから、やはり魔を恐れなければなりません。

その魔に打ち勝つ方法はただ一つ、しっかりとお題目を唱えることです。真剣にお題目を唱えていくなかで、自他を浄化するところの生命力が必ず出てくるのです。これが妙法蓮華経の大きな功徳なのであり、お題目をしっかり唱えていれば、魔には負けないのです。

その次は「煩悩魔」で、煩悩魔というのは、これは皆さん方もよくお解りの通り、煩悩が私達の心を悩乱させ、仏道修行の邪魔をするのです。勤行をしたくないとか、折伏に行きたくないとか、そういう魔が起きてくるのです。

煩悩魔は、我々仏道修行者の智慧を奪う魔でありますから、魔に付け入る隙《すき》を与えないのが大切です。しかし、これは絶えず緊張して身心を張っているのではなくして、普段の信心のなかで、しっかりと朝夕《ちょうせき》の勤行をし、たとえ一文一句なりとも「この信心をしませんか」と言って折伏をしていくというように、ごく自然に自行化他にわたる信心をしていけば、魔は絶対に寄りつかないのです。

次に「死魔」があります。これは死んでしまうことによって、仏道修行をしていた者が、修行を続けることができなくなってしまうという魔です。あるいは、身近な人の亡くなった姿を見て、大聖人様の正しい教えに対する信心に疑いを起こすような人もいます。また、身内の方が色々な災害に遭ったりした時に「お題目を唱えているのに、どうしてこんなふうになってしまうのだろう」という疑いが出てくる場合もあるのです。

これらは、実は魔の所為なのです。だから、そういう時は、その魔を打ち破るお題目をしっかり唱えていけばいいのです。魔は仏様より弱いのであり、仏様は魔に勝つのです。だから、仏様の妙法蓮華経をしっかり唱えていけば、魔は我々に寄りつかないのであり、魔に対しては毅然としてお題目を唱えていくことが大事です。

それから、もう一つは「天子魔」です。欲界の第六天の他化自在天に居住する魔王を第六天の魔王と言うのでありますけれども、これが権力者などの身に入り込み、我々仏道修行者を惑《まど》わせ、また仏道を妨げるのであります。この天子魔は、一切の障魔の根源となる魔でありますから、気を付けなければなりません。

先程も言いましたけれども、魔は衆生の心を悩乱させる用きをするので、本能的な欲望とか感情を乱して、病気を起こすと言われております。

先程の鬼は、ただ我々の身体を痛めるのですけれども、魔には身体だけでなく、心までも破り、悟りの智慧を破壊する力があるのです。だから、我々は魔を恐れなければならないのです。

私達に邪念や利を貪《むさぼ》るような心があると、魔は便りを得て、様々な形をもって我々の心のなかに入り込んでくるのです。その魔の力によって病気になることもあるのです。

この魔に取り憑《つ》かれた病気というのは、なかなか治し難いのです。典型的な例で言うと、精神的な病です。身体の傷よりも精神的な傷のほうが、治すことはなかなか難しいでしょう。こういうのは、みんな魔によるものなのです。

大聖人様は、この魔の起きる原因について、『兄弟抄』に、

「此の法門を申すには必ず魔出来《しゅったい》すべし。魔競《きそ》はずば正法と知るべからず。第五の巻に云はく『行解《ぎょうげ》既に勤めぬれば三障四魔紛然《ふんぜん》として競ひ起こる』」（同九八六㌻）

と仰せになっております。

すなわち、大聖人様の仏法が正しいからこそ、それを破ろうとして魔が競い起こり、我々の仏道修行を妨げようとするのです。だから大聖人様は、まずこの魔に勝つことが大事だと示されているのであります。

また、大聖人様は『兵衛志殿御返事《さかん》』に、

「凡夫の仏になる又かくのごとし。必ず三障四魔と申す障《さわ》りいで《出》き《来》たれ

ば、賢者はよろこび、愚者は退くこれなり」（同一一八四ジペー）

とおっしゃって、障魔が起きた時こそ、成仏という大利益を得る絶好のチャンスと心得、さらなる強い確信を持って、なお一層の信心に励んでいくことが大事だと御教示であります。

その次には「六には業の起こるが故に病む」とあり、これが大変なのです。そもそも業とは、身口意《しんくい》の三業と言うように、身口意にわたる様々な所作のことを指し、これが未来にもたらされる果の原因となっているので業因とも言います。そして、過去世の業を「宿業」と言い、現世の業を「現業」と言うのです。また、善悪に分ければ善業と悪業となります。だから、業と言っても様々あり、悪業を恐れ、善業を積んでいけばいいのです。

一切の現象は因果の理法によって現れるのでありますから、今日の様々な苦楽の結果はすべて、過去の様々な業によって感ずるものであります。例えば私達が、いかなる境遇に生まれ、いかなる能力を持ち、いかなる因縁をもって生まれてくるかは、すべて過去世の宿業のしからしむるところであります。

したがって、病気も同様で、病気になるには、なるだけの原因が必ずあるのです。それが過去世によるものなのか、あるいは現世に作られたものなのかの違いはあっても、いずれにしても宿業あるいは現業という業によって起きる病気は難病であると言われているのであります。

特に、過去世において正法を誹謗した因縁の報いとして起こる業病は、そのなかでも難病中の難病であるとされ、『太田入道殿御返事』には、

「大涅槃経に『世に三人の其の病治し難き有り。一には大乗を謗ず、二には五逆罪、三には一闡提《いっせんだい》。是《か》くの如き三病は世の中の極重《ごくじゅう》なり』云云」

（同九一一ページ）

とおっしゃっております。

この第一に「大乗を謗ず」とありますが、大乗というのは法華経、南無妙法蓮華経のことです。これを誹謗する罪が重いということです。

それから二番目が「五逆罪」で、五逆罪というのは、父を殺す、母を殺す、阿羅漢《あらかん》を殺す、仏身より血を出だす、そして和合僧を破る、という五つの罪です。このうち和合僧を破るというのは、仏教の教団を分裂させ、混乱させる行為のことで、三宝の信仰から離れさせる故に、五逆罪のなかでも特に重罪であると言われているのであります。

最後の第三は「一闡提」で、この一闡提は、断善根とか信不具足などと訳します。つまり、みんな成仏の因としての善根を持っていますが、それを断《た》ってしまうので断善根と言い、これはやはり成仏することができません。さらに、正法を信ぜず、悟りを求める心がなく、成仏する機縁を持たない衆生が一闡提なのであります。

そして、これらの悪業を原因として起きる業病は極重病であり、その罪が極めて重いために治し難く、消滅することはまことに難しいと説かれております。

しかし、この『可延定業御書』には、

「夫《それ》病に二あり。一には軽病、二には重病。重病すら善医に値《あ》ひて急に対治すれば命猶《なお》存す。何《いか》に況《いわ》んや軽病をや。業に二あり。一には定業《じょうごう》、二には不定業。定業すら能《よ》く能く懺悔《さんげ》すれば必ず消滅す。何に況んや不定業をや。法華経第七に云はく『此の経は則《すなわ》ち為《こ》れ閻浮提の人の病の良薬なり』等云云」（同七六〇㌻）

と仰せであります。

解りやすく言いますと、「病には重病と軽病があるけれども、重病といえども良き医者に出会って早く治療すれば、命を延ばすことができる。まして、軽い病気は言うまでもない。また業にも、定業と不定業とがある。定業というのは、過去の宿業によって未来に必ずその果報を受けると定められている業のことで、その反対に決まっていないのが不定業である」と言っているのです。

ですから、因縁によって様々に積んだ業というのは、必ずその報いを受けるのだけれども、必ずそうなると決まっている定業と、必ずしも果報を受けることが決まっていない不定業とがあるのです。

そして大聖人様は「定業で必ずその業を受けなければならないと決まっていても、よくよく懺悔すれば必ず消滅することができるのであり、まして不定業は言うまでもない。だから、仏様は法華経薬王品に『此の経は則ち為れ閻浮提の人の病の良薬なり』とおっしゃっている」と御教示あそばされているのであります。

ここでは定業と不定業を、人の寿命について仰せられておりますけれども、病気におきましても同様で、難病中の難病である業病といえども、よくよく懺悔すれば必ず治すことができ、寿命を延ばすことができるとおっしゃっているのです。

それでは、この「能く能く懺悔すれば」というのは、どういう意味でしょう。キリスト教などでも懺悔という言葉を使います。これは、自ら犯した罪を告白することですが、これと勘違いしてはいけません。仏法の懺悔とはそういうことではなく、広大無辺なる大聖人様の正法のお力によって、汚れた私達の命、一念を浄化することなのです。

ですから、法華経の結経である観普賢菩薩行法経には、

「若《も》し懺悔せんと欲せば　端坐《たんざ》して実相を思え　衆罪は霜露《そうろ》の如し　慧日《えにち》能く消除す」（法華経六四八ジペー）

とあります。このなかの「懺」というのは今後を改めるということで、「悔」というのは前非を悔いるということであります。また「実相」とは妙法蓮華経のことであり、『諸法実相抄』に、

「実相と云ふは妙法蓮華経の異名《いみょう》なり」（御書六六五ジペー）

とありますように、今時《こんじ》末法におきましては、文底下種の三大秘法の御本尊に心から過去遠々劫《おんのんごう》の謗法罪障消滅を願い、南無し奉ることを懺悔と言うのです。つまり、強盛なる信心をもって大御本尊様に祈ることによって、私達は罪

障を消滅することができるのであります。

したがって、たとえ過去の宿業によって業病に冒《おか》された人でも、「衆罪は霜露の如し　慧日能く消除す」、日の光によって霜《しも》とか露がたちまちに消え失《う》せてしまうように、大御本尊への強盛な信心によって、過去からの様々な重罪も、さらに身の病も心の病も、すべて消滅することができるとおっしゃっているのです。ですから、私達はこの確信を持って、しっかりと信心をしていけば、様々な宿業の因縁は必ず浄化することができます。たとえ業病であっても、私達の一念によって必ず消滅できるのです。

末法の正境たる文底下種の南無妙法蓮華経の御本尊を戴《いただ》いている我々は、この御教示を固く信じ奉って、御本尊に対する絶対信を持ち、一人ひとりが自行化他の行業に勇猛精進していくことが、今、最も大事であろうと思います。

そもそも『妙心尼御前御返事』には、

「病《やまい》あれば死ぬべしという事不定《ふじょう》なり。又このやまひは仏の御は《計》からひか。そのゆへ《故》は浄名《じょうみょう》経・涅槃経には病ある人、仏になるべきよし《由》とかれて候。病によりて道心はおこ《起》り候か」（同九〇〇㌻）

と、「病があれば必ず死ぬとは決まっていない。また、この病は仏様のお計らいによって起きたものであろうか。お経には、病のある人が仏に成るべきことが説かれている。病によって道心が起こることもあるのだ」とおっしゃっているのです。

身体の弱い人や病気になっている人は、この御文をしっかり拝していただきたいと思います。

少し、その前の御文を拝しますと、

「人の死ぬる事はやまひ《病》にはよらず。当時のゆき《壱岐》・つしま《対馬》のものどもは病なけれども、みなみなむこ《蒙古》人《ぴと》に一時にうちころされぬ」（同㌻）

とあります。

解りやすく言うと「人は必ずしも病によって死ぬわけではない。蒙古の来襲によって壱岐・対馬の人達は一時に殺されてしまったように、戦争が起これば病気でなくても命をなくすことがある。だから、病気になったからといって、必ず死ぬとは限らないのだ」とおっしゃっているのです。

「病によりて道心はおこり候か」というのは、病気によって仏道を求める心、道心が起きるから、仏様のお計らいによって命を長らえることができるということです。

ここにいる人は、みんな一人ひとり現在の状況は違うだろうけれども、もし病に冒されていたとしても、しっかりとお題目を唱えていけば、この御文の通り、必ず成仏得道することができるのです。私達は、この御文をよくよく拝して、一生懸命に自行化他の信心に励んでいくことが大事であります。

病のない人など、いないでしょう。みんな、あります。生まれてこのかた、一遍も病気をしたことがないという人がいますか。風邪を引いたことがないなどという人は、まずいないでしょう。人に言いたくない病気もあるかも知れないし、心の病も、身体の病も、みんな色々あるでしょう。でも、この御文を拝すれば解るように、お題目をしっかり唱えていけば、必ず道が開けていくのです。

法華経薬王品には、

「此の経は則ち為《こ》れ、閻浮提の人の病の良薬なり。若し人病有らんに、是の経を聞くことを得ば、病即ち消滅して不老不死ならん」

（法華経五三九ページ）

と説かれています。ここに示される「病即消滅。不老不死」という御文は聞いたことがあるでしょう。この理《ことわり》を我が身に現ずることができるのです。

これは、すべて御本尊様の力です。私達は、その御本尊に対する信心の力によって、いかなる病気も克服することができることを是非、覚えておいていただきたいと思います。

また病気だけではなく、これから生きていくなかで色々なことがあったなら

ば、なにしろお題目をしっかり唱えることです。そして、折伏することです。自分だけの信心ではだめなのですから、

「一文一句なりともかたら《語》せ給ふべし」（御書六六八㌻）

と御指南あそばされているように、お友達に「この信心をしませんか」と、ひとことでもいいからお話ししていくことが大事です。

折伏と言うと、なかにはけんか腰になってしまう人がいるけれども、あれはいけません。けんかを売りにいっているのではなく、その人を救いにいっているのですから、けんかをしてはだめなのです。

もちろん、邪義に対しては厳しくあらねばなりませんが、その人を救うという大義があるのですから、やはり私達は優しく、たとえひとことでも「この信心をしてみませんか」「幸せになれますよ」と折伏していただきたいと思います。折伏において、この慈悲の思い、一念ほど、強いものはありません。

本年も、ほぼ半ばになりました。誓願目標の達成も、だんだんと時間が迫っ

てきました。皆さん方一人ひとりが、本当に妙法に生きる心を持って折伏に励み、来たるべき令和三年の大聖人御聖誕八百年を必ず全支部が折伏誓願を達成して、みんなで快くお迎えしたいと思います。皆さん方の御健闘を心からお祈りいたしまして、本日の講義といたします。

御法主日如上人猊下御講義

# 御書要文 第三期

令和元年六月十六日

御講義テキスト（一二㌻八行目〜一三㌻五行目）

皆さん、おはようございます。本年度第三期の講習会であります。

皆さん方には日夜、御精進のことと思いますが、今回の登山を機に、さらに広布へ向かって前進をしていただきたいと思うものであります。

さて、本日は八番目の『治病大小権実違目』からお話をしていきたいと思います。

８　治病大小権実違目
詮《せん》ずる処《ところ》は天台と伝教とは内《うち》には鑑《かんが》み給《たま》ふといへども、一には時来たらず、二には機なし、三には譲られ給はざる故なり。今末法に入りぬ。地涌《じゆ》出現して弘通有るべき事なり。今末法に入って本門のひろまらせ給ふべきには、小乗・権大乗・迹門の人々、設《たと》ひ科《とが》なくとも彼々の法にては験《しるし》有るべからず。譬へば春の薬は秋の薬とならず。設ひなれども春夏のごとくならず。（御書一二三六ジペー一五行目）

これは弘安元（一二七八）年六月二十六日、日蓮大聖人様が御年《おんとし》五十七歳の時に、身延から富木常忍に与えられた御書であります。

対告衆《たいごうしゅ》の富木常忍は、下総《しもうさ》地方の信徒の中心者であります。下総国葛飾《かつしか》郡八幡庄若宮《やわたのしょう》（現在の千葉県市川市中山）の人で、千葉氏に仕えていた武士と言われております。かなりの学識があったようでありまして、大聖人様から『観心本尊抄』など、まことに重要な御書を多数、頂いております。

その富木常忍は、建長六（一二五四）年ごろに大聖人様に帰依されたと思われます。また、太田乗明や曽谷教信などが、このころ相《あい》次いで大聖人様に帰依したと言われております。

文応元（一二六〇）年七月十六日、大聖人様は宿屋左衛門光則を介して、時の最高権力者・北条時頼《ときより》に、一刻も早く念仏などの邪宗邪義、誤った信仰を捨てて、正法に帰依するよう、『立正安国論』を奏呈いたしました。

しかし、このことは時の権力者達の怒りに触れ、また念仏者をはじめ諸宗の者達も恨《うら》みを抱いたのであります。そこで、大聖人様を殺害せんとして、北条重時《しげとき》ら念仏を信仰していた権力者をうしろ楯《だて》とし、八月二十七日の深夜、暴徒が大聖人様のまします松葉ヶ谷《やつ》の草庵《そうあん》を襲撃したのでありました。

大聖人様は諸天善神の計らいによってこの夜の難を逃《のが》れ、一時、鎌倉を出て、下総の富木常忍のもとに身を寄せられたと言われております。そして、弘長元（一二六一）年の春に、大聖人様は鎌倉へと戻られましたが、幕府はさらに五月十二日に、大聖人様を無実の罪によって伊豆の伊東に配流《はいる》する暴挙に出たのであります。

この伊豆の法難は、大聖人様が、

「日蓮が生きたる不思議なりとて伊豆国へ流されぬ」（御書一一五〇ページ）

と仰せのように、大聖人様が難を逃れて、生きているのが不思議であるという、まことに理不尽な理由で、伊豆の伊東に流されたのであります。

そして、弘長三年二月に伊豆の配流が赦免《しゃめん》せられて、鎌倉に帰られたのち、文永元（一二六四）年の秋に、大聖人様が母君の病気平癒《へいゆ》を祈念するため、いっとき、生まれ故郷の安房《あわ》（現在の千葉県）に帰られ、この時に東条景信《かげのぶ》の襲撃を受けたのであります。いわゆる小松原の法難でありまして、皆さん方も御承知の通り、この襲撃によって鏡忍房と工藤吉隆のお二人が亡くなってしまったのであります。また、大聖人様も頭《こうべ》に傷を受け、左の手を折られるという大変な難に値《あ》われたのでありました。

この法難を受けたのち、大聖人様は文永四年にも、安房から上総《かずさ》藻原を経まして、下総の富木常忍の所を訪れ、ここで越年せられております。

さらに文永五年十月に、大聖人様は十一通の諫状を認《したた》められております。十一通の諫状というのは、執権・北条時宗、宿屋左衛門入道光則、平左衛門尉頼綱《よりつな》、北条弥源太、建長寺の道隆、極楽寺の良観、大仏殿の別当、それから寿福寺、浄光明寺、多宝寺、長楽寺に宛てて、『立正安国論』の予言的中を挙げ、この国難は法華経の行者である大聖人を用いなかったためであると諸宗の邪義を厳しく責めて、公場対決を迫られたのであります。

そのなかで、例えば『北条時宗への御状』には、

「日蓮は法華経の御使ひなり。経に云はく『則《すなわ》ち如来の使ひ、如来の所遣《しょけん》として、如来の事《じ》を行ず』と。三世諸仏の事とは法華経なり。此の由《よし》方々へ之《これ》を驚かし奉る。一所に集めて御評議有りて御報に預《あず》かるべく候。所詮は万祈を抛《なげう》ちて諸宗を御前に召し合はせ、仏法の邪正を決し給へ」

（同三七二ジペー）

と、厳しく公場対決を迫っているのであります。しかしながら彼らは、この大聖人様の言に従うことなく、応ずる気配も全くなく、無視したのであります。

翌文永六年には、富木常忍・四条金吾・太田乗明の三人が、幕府の問注所に召喚されるということがありました。これを聞かれた大聖人様が五月九日に、三名に対して出頭の際の心得などを述べ、激励されておりますのが『問注得意抄』（御書四一七ジペー）であります。

また文永八年九月十二日には、皆さん方も御承知のように、平左衛門が大聖人様を不当に捕らえて、竜口《たつのくち》（現在の神奈川県藤沢市）で斬罪に処しようとしたのであります。いわゆる竜口法難でありますが、これも諸天の用《はたら》きによって、大聖人様を害することはできなかったのであります。

これは『種々御振舞御書』に詳しく出ておりまして、そこを拝読いたしますと、大聖人様が竜口へ行って、まさに頸《くび》を斬《き》られようとしたその時のことを、

「江のしま《島》のかた《方》より月のごとくひかり《光》たる物、まり《鞠》のやうにて辰巳《たつみ》のかたより戌亥《いぬい》のかたへひかり《光》わたる。十二日の夜のあけぐれ《味爽》、人の面《おもて》もみ《見》へざりしが、物のひかり月よ《夜》のやうにて人々の面もみなみ《見》ゆ。太刀《たち》取り目くらみたふれ《倒》臥《ふ》し、兵共《つわものども》おぢ怖《おそ》れ、けうさめ《興醒》て一町計《ばか》りはせのき、或《あるい》は馬よりをりてかしこまり、或は馬の上にてうずくまれるもあり。日蓮申すやう、いかにとのばら《殿原》かゝる大に禍《わざわい》なる召人《めしうど》にはとを《遠》のくぞ、近く打ちよ《寄》れや打ちよれやとたか《高》だか《高》とよばわれども、いそぎよ《寄》る人もなし。さてよ《夜》あ

けばいかにいかに、頸切るべくわいそぎ《急》切るべし、夜明けなばみぐるし《見苦》かりなんとすゝめ《勧》しかども、とかくのへんじ《返事》もなし」（同一〇六〇ページ）

とお示しになっております。

このように、まさに大聖人様が頸を斬られようとした時、江ノ島の方より光りたる物が現れて、太刀取りの目が眩《くら》み、大聖人様を斬首することができなかったのであり、結局、国家権力をもってしても大聖人様を害することができなかったという事実が歴然とあるのであります。

そのあと、大聖人様の身は相模国《さがみのくに》依智《えち》（現在の神奈川県厚木市）の本間六郎左衛門尉重連《しげつら》の館へ移され、そして佐渡へと配流されることになったのであります。

大聖人様は依智に約一カ月間、御滞在ののち、十月十日に依智を出発されて、十月二十一日に越後国寺泊（現在の新潟県長岡市）にお着きになり、翌日、そこから富木常忍に宛てて『寺泊御書』を送られております。そして、十月二十八日に佐渡にお着きになり、十一月一日に塚原の配所に入られたあと、その月の二十三日にも富木常忍に宛ててお手紙を送られ、佐渡の厳しい状況をお知らせになっております。

この大聖人様の佐渡御配流という逆境のなか、富木常忍は門下の重鎮として、鎌倉の四条金吾や太田乗明、曽谷教信などと力を合わせて、信心を貫いたのであります。

さらに文永十年四月二十五日には、大聖人様は一谷《いちのさわ》で『観心本尊抄』をお認めになり、翌二十六日に『観心本尊抄副状《そえじょう》』を副《そ》えて富木常忍に授けられております。

この『観心本尊抄』は法本尊開顕の書と言われる重要な御書であり、文永九年二月に四条金吾に与えられた人《にん》本尊開顕の書と言われる『開目抄』と合わせて、二大重要御書と言われております。このように重書中の重書である『観心本尊抄』を富木常忍に、また『開目抄』を四条金吾に賜ったということは、この富木常忍と四条金吾の二人が、日蓮大聖人様の外護《げご》の任の双璧《そうへき》であったことを示しております。

富木常忍は大聖人様から数十編にのぼる御書を頂いておりますが、そのうちの主要なものに『観心本尊抄』のほか、『法華取要抄』『四信五品抄』『聖人知三世事』『始聞仏乗義』『四菩薩造立抄』『佐渡御書』『常忍抄』等々があります。このうちの『観心本尊抄』と『法華取要抄』『四信五品抄』は、御書十大部に含まれております。

この十大部というのは、大聖人様がお認めあそばされた十の大事な御書という意味であります。まず初めが『唱法華題目抄』、次に『立正安国論』、三番目に『開目抄』、四番目に『観心本尊抄』、その次が『法華取要抄』『撰時抄』『報恩抄』『四信五品抄』『下山御消息』『本尊問答抄』の十編です。

大聖人様が富木常忍に対して数多くの御書を賜り、そのなかで『観心本尊抄』『法華取要抄』『四信五品抄』という重要御書を賜ったということは、富木常忍の信心が極めて強盛《ごうじょう》であったことを示すものと思われます。また、富木常忍であれば、大聖人様の重要御書を、のちのちまでもお護りするだろうという御推測もあられたのではないかと拝察するところであります。

次に、この御書の梗概《こうがい》について申し上げますと、この御書は疫病流行に関する質問に答えられたものであります。

内容は、人には身の病と心の病があり、身の病は医者によって治すことができるが、心の病はいくら名医でも治すことはできず、仏の法門によってのみ治すことができるとおっしゃっております。

さらに、仏法には大小、権実、本迹の浅深・勝劣というものがありますが、諸宗の者達はその判釈ができず、自宗に固執しているので、かえって病を募《つの》らせてしまう。その結果、国に三災七難が起こっている、とおっしゃっているのであります。

三災七難のうちの「三災」というのは、劫末に起きる三つの災難で、これに大小の二つがあります。

まず小の三災とは、初めが刀兵《とうひょう》災で、これは戦争であります。二番目は疾疫《しつえき》災で、これは疫病です。それから三番目は飢饉《ききん》災で、これは天災などによって五穀が実らずに飢饉が起こることです。こういう災難が、小の三災でありま す。

次に、大の三災というのは火災・水災・風災の三つで、成住壊空《じょうえ》の四劫のなかの壊劫の時に、人々が皆、悪業をなすために起こるとされております。

初めの火災とは、その火の勢いは極めて強く、下《しも》は無間《むけん》地獄から、上は色界の初禅天まで至るという、大変な火災が起きると言われております。

二番目は水災でありますが、これは洪水です。これも下は無間地獄から、上は色界の第二禅天に至るまでが水の損害を被ると言われております。

三番目が風災で、風による災害のことであります。これも下は無間地獄から、上は色界の第三禅天に至るまでの一切が、風のために飛散すると言われております。

このように大の三災は、火災と水災と風災が起きるとされるのであります。

それから「七難」につきましては薬師経のほか、仁王経や法華経にも説かれております。

今、薬師経の七難を挙げますと、初めの「人衆疾疫難《にんじゅしっえきなん》」は伝染病・流行病などに罹《かか》って多くの人が続々と亡くなるという難であります。

二番目は「他国侵逼難《しんぴつなん》」で、これは他国から侵略を受ける難であります。大聖人様の御在世当時には蒙古の来襲がありましたが、そういった難であります。

三番目が「自界叛逆難《ほんぎゃくなん》」で、これは仲間同士の争いです。いわゆる内部分裂などが起きることで、これも大聖人様の御在世中に北条時輔《ときすけ》の乱がありました。

それから四番目が「星宿変怪難《へんげなん》」で、星などの天体の運行に異変が起こって、例えば彗星《すいせい》が現れたりすることです。

五番目が「日月薄蝕《にちがつはくしょく》難」で、太陽や月の異変、つまり日蝕あるいは月蝕という異変が起きることであります。

六番目が「非時風雨難」で、これは季節はずれの暴風雨が起きることであります。

七番目の「過時不雨難」は、これは雨期に入ってもなお雨が降らないことであります。

また当時、起こっていた三災七難は、末法の法華経の行者である日蓮大聖人様に、日本国一同が仇《あだ》み、妬《ねた》み、敵対した故に起こったものとされ、天台の迹門理の一念三千の法門に対して、大聖人様の法門が本門事の一念三千の最も深い正法である故に、迫害もまた、はるかに激しいと言われております。

そして、ただいま拝読の御文の初めに**「詮《せん》ずる処《ところ》は天台と伝教とは内《うち》には鑑《かんが》み給《たま》ふといへども」**とおっしゃっていますが、法華経の大事の法門、すなわち法華経本門寿量品文底肝心の法門は、天台大師も伝教大師も内鑑冷然《ないがんれいねん》されていたということです。

内鑑冷然とは、内心の悟りは鏡のように冷ややかに澄んでいて、絶対平等の境地に止住するけれども、外面には時に適《かな》った相対差別の法を説くことを言うのであります。これは『摩訶止観』の御文でありまして、『摩訶止観』に一念三千の法門を明かしたのち、古《いにし》えの竜樹という、大乗の論師で八宗の祖と言われている方と、天親という、兄の無著《むじゃく》に導かれて大乗を学んだ方は、共に千部の論師と言われておりますが、この両師は、内心では法華経が一念三千の法門を説き、諸経中、最第一であることを知っていたけれども、外に向けてはそれを説かず、その時代の人々の機根に合った権大乗教を弘通したことが示されております。

この両師が法華経に説かれる一念三千の法門を覚知していたことは、例えば竜樹は『大智度論』に、

「般若経で説く般若波羅蜜は秘密・最極《さいごく》の法ではなく、二乗作仏を説く法華経が最勝の経である」

ということをおっしゃっており、また天親は『法華論』のなかに、

「仏はただ一仏乗の教え、すなわち法華経をもって衆生を教化する。先に種々の方便を説いたのも、ことごとく法華経を説こうとするためである」

とおっしゃっていることからも知ることができます。

そして、これは釈尊が四十余年間、色々な方便の教えを説いたのちに法華経をお説きあそばされた例と同じであると言っているのであります。

すなわち天台大師・伝教大師の両師が内鑑冷然、つまり内証では文底下種の仏法を御存じであったけれども、外に向かっては明らかにされずにいた所以《ゆえん》は、**「一には時来たらず、二には機なし、三には譲られ給はざる故なり」**と仰せられているのであります。

御文のなかの「一には時来たらず」というのは、『撰時抄』に、

「法華経の流布の時二度あるべし。所謂《いわゆる》在世の八年、滅後には末法の始めの五百年なり。而《しか》るに天台・妙楽・伝教等は進んでは在世法華の御時にももれ《漏》させ給ひぬ。退いては滅後末法の時にも生まれさせ給はず」

（御書八三八ページ）

と仰せの如く、寿量文底下種の妙法は、像法時代に出現せられた天台大師あるいは伝教大師の説かせられるべき法ではなかったのであります。

次に「二には機なし」とありますが、像法時代の衆生の機根は本来、本已有善《うぜん》であります。それに対し、文底下種の妙法蓮華経を下種されるべき末法の衆生は本未有善であります。そのため、本已有善の衆生である像法の衆生には文底下種の妙法をお説きあそばされなかったのであります。

そして「三には譲られ給はざる故」とありますが、法華経如来神力品の結要《けっちょう》付嘱は本化《ほんげ》上行へ付嘱されたものでありまして、天台・伝教等の本地たる薬王菩薩等の迹化《しゃっけ》の菩薩へは付嘱されていないため、天台・伝教はその任ではないということであります。

されば**「今末法に入りぬ。地涌《じゆ》出現して弘通有るべき事なり。今末法に入って本門のひろまらせ給ふべきには、小乗・権大乗・迹門の人々、設《たと》ひ科《とが》なくとも彼々の法にては験《しるし》有るべからず。譬へば春の薬は秋の薬とならず。設ひなれども春夏のごとくならず」**と仰せのように、今、末法に入って地涌の菩薩、すなわち上行菩薩の再誕、内証・久遠元初の御本仏・宗祖日蓮大聖人様が御出現あそばされて、末法本未有善の衆生のために本因下種の妙法を下種されれば、文上脱益の仏法は、たとえ経文の通りに実践したとしても、全く無益《むやく》となるのであります。

したがって、末法において小乗、権大乗あるいは迹門の人々は、たとえ法に背く心はなくとも成仏はかなわず、それは例えば春の薬は秋の薬にならず、たとえ薬とはなっても春や夏のような効果はないとおっしゃっているのであります。

大聖人様は『法華初心成仏抄』に、

「末法当時は久遠実成の釈迦《しゃか》仏・上行菩薩・無辺行菩薩等の弘めさせ給ふべき法華経二十八品の肝心たる南無妙法蓮華経の七字計《ばか》り此《こ》の国に弘まりて利生得益《りしょうとくやく》もあり、上行菩薩の御利生盛《さか》んなるべき時なり。其《そ》の故は経文明白なり」（同一三一二ページ）

とおっしゃって、今時、末法において弘通されるべきところの法は、「法華経二十八品の肝心たる南無妙法蓮華経の七字」であるとされているのです。つまり、法華経本門寿量品の文底に秘沈せられた下種益の南無妙法蓮華経の一法がこの国に弘まってこそ、利生得益があると、大聖人様は御教示あそばされているのであります。

これらの御文を私どもが拝する時、改めて妙法の偉大なる功徳を拝信し、一人でも多くの人々に、この妙法を下種折伏していかなければならない大事な使命があることを忘れてはなりません。

特に今、宗門は、来たるべき令和三年・宗祖日蓮大聖人御聖誕八百年、法華講員八十万人体勢構築へ向けて、一歩一歩、力強く前進をしております。この時に当たりまして、我々は御宝前にお誓い申し上げました誓願を、なんとしてでも達成しなければなりません。

今こそ我々は、誓願達成へ向けて講中一結し、異体同心して、絶対にのちのち悔いを残すことなく、すべての人が折伏に立ち上がり、御宝前にお誓いしたお約束を必ず達成されますことを、心から願うものであります。

上杉鷹山《ようざん》の言葉に、

「為《な》せば成る　為さねば成らぬ　何事も　成らぬは人の　為さぬなりけり」

というものがあります。まさにこの通りでありまして、頭でっかちに、いくら考えを巡らし、成仏を願っても、行動を起こさなければ、それはかなわないのです。だから、まず行動を起こせ、まず折伏しなさいということなのです。

折伏は、大聖人様からの大事な御指南であります。折伏を忘れてしまえば、大聖人様の仏法に意味がなくなります。我々のこの戦いも、折伏が中心でありま す。つまり、折伏とは広宣流布、すべての人が幸せになるための戦いです。そこに大事な意義が存しているのでありますから、どうぞ皆さん方は、老若男女、力を合わせて、折伏に立ち上がっていただきたいと思います。

例えば、小さいお子さんが、おうちで留守番をするのも、立派な折伏のお手伝いです。折伏に行っている最中、お留守番をしてくれる小さい子も、やはり折伏の戦士なのです。そのようにして、一家みんなが心を一つにして広布を目指していくことが異体同心の原点であります。そして、折伏を行じていくところ、大聖人様の御照覧を賜り、大きな功徳を頂戴することができるのでありま す。このことを忘れずに、なお一層、令和三年に向かって御精進をいただきたいと思います。

次に、九番目の『六難九易抄』を拝読いたします。

**９　六難九易抄**

**法華経一部の肝心は南無妙法蓮華経の題目にて候。朝夕《ちょうせき》御唱へ候はゞ正《まさ》しく法華経一部を真読《しんどく》にあそばすにて候。二反《へん》唱ふるは二部、乃至百反は百部、千反は千部、加様《かよう》に不退に御唱へ候はゞ不退に法華経を読む人にて候べく候。（御書一二四三ジペー一〇行目）**

この御書は、弘安元（一二七八）年七月三日、大聖人様が御年《おんとし》五十七歳の時に、身延で認《したた》められた御消息であります。

この御書の一番初めのところに、

「先《ま》づ法華経につけて御不審をたてゝ其の趣《おもむき》を御尋ね候事、ありがたき大善根にて候」（御書一二四二ジペー）

とありますことから、この御書が法華経に関する質問に対する御返事であることが判ります。

内容は、最初に法華経に関して質問されたこと自体を褒《ほ》められ、この質問に対し、末法の世に法華経の一句一偈の謂《い》われについて尋ねられたことは、極めて稀《まれ》なことであると、法華経の見宝塔品に説かれる「六難九易」の法理を引いて述べられております。

ちなみに、この六難九易というのは、法華経を受持することの難しさを、六難と九易、すなわち六つの難しいことと九つの易《やさ》しいことを対比することによって説き示されたものであります。これは法華経の三五一ページから示されておりますので、お持ちの方は御覧ください。

その「六難」とは何かといいますと、一番目に、

「若《も》し仏の滅度に　悪世の中に於《おい》て　能《よ》く此の経を説かん　是《こ》れ則《すなわ》ち難《かた》しと為《な》す」（法華経三五一ページ）

とあります。つまり、末法の世の中において、この経を説くことはまことに難しいと、六難の第一にそれを挙げております。

二番目には、

「我が滅後に於て　若しは自らも書き持《たも》ち　若しは人をしても書かしめん
是れ則ち難しと為す」（同三五二ページ）

と、つまり自らもこの経を書き、あるいは人をして書かしめることは、まことに難しいと示されております。

三番目は、

「仏の滅度の後《のち》に　悪世の中に於て　暫《しばら》くも此の経を読まん　是れ則ち難
しと為す」（同ページ）

ということで、しばらくも、この経を読むことは非常に難しいと言っております。

四番目は、

「我が滅度の後に　若し此の経を持って　一人《いちにん》の為にも説かん　是れ則ち難しと為す」（同ジペー）

と示されます。この経を一人のために説くというのは、つまり折伏することであります。これは難しいとあるのです。

五番目が、

「我が滅後に於て　此の経を聴受《ちょうじゅ》して　其の義趣《ぎしゅ》を問わん　是れ則ち難しと為す」（同三五三ジペー）

で、この経を聞いて、その趣きや謂われを質問することもまた、難しいことであるとされております。

六番目は、

「我が滅後に於て　若し能《よ》く　斯《かく》の如き経典を奉持《ぶじ》せん　是れ則ち難しと為す」（同ジペー）

と示されております。この法華経を、滅後において「奉持」すること、つまり持《たも》つことは難しいとされまして、これが六難であります。

次に「九易」というのは、九つの易しいことです。先程は六つの難しいことを挙げましたが、今度は九つの易しいことが示されております。ところが、この九つが大変で、易しくないのです。

まず一番目に、

「諸余の経典　数恒沙《ごうじゃ》の如し　此等《これら》を説くと雖《いえど》も　未《いま》だ難《かた》しと為《な》すに足らず」（同三五一㌻）

と示されます。つまり、経典が恒沙の如くたくさんあり、これを説くといえども、まだそれは難しいとは言わないということです。

それから二番目が、

「若し須弥《しゅみ》を接《と》って　他方の　無数《むしゅ》の仏土に擲《な》げ置かんも　亦《また》未だ難しと為《せ》ず」（同㌻）

で、「須弥」というのは須弥山です。この山を取って、あちらへ放り投げるというのだから、考えられないことです。それでも、それは我々が法を説くこと、折伏することに比べれば易しいと言うのです。

三番目が、

「若し足の指を以《もっ》て　大千界を動かし　遠く他国に擲げんも　亦未だ難しと為ず」（同ページ）

で、足の指で大千界を動かして、遠くの他国に投げるというのです。これが易しいと言っているのです。

それから四番目に、

「若し有頂《うちょう》に立って　衆の為に　無量の余経を演説せんも　亦未だ難しと為ず」（同ページ）

とあります。このなかの「有頂」とは有頂天のことでありまして、我々は欲界・色界・無色界の三界に住んでおり、その一番上の世界が有頂天です。その有頂天に立って、人々のために無量の余経を演説することは、我々が妙法蓮華経を受持信行することに比べれば、まだ易しいとするのです。

次の五番目が、

「仮使《たとい》人有って　手に虚空を把《と》って　以て遊行《ゆぎょう》すとも　亦未だ難しと為ず」（同三五二ページ）

で、虚空を手に取って、そこで「遊行」する、つまり遊び戯《たわむ》れるように行き来することは易しいと言っているのです。

それから六番目が、

「若し大地を以て　足の甲《つめ》の上に置いて　梵天に昇らんも　亦未だ難しと為ず」（同ページ）

で、「足の甲の上」に大地を置いて梵天に昇るなどということは、できるはずがないのだけれども、それでもこの信心の上から言うと、六難と比べれば、まだ易しいと言っているのです。

七番目が、

「仮使劫焼《こうしょう》に　乾《かわ》ける草を担《にな》い負《お》いて　中に入《い》って焼けざらんも　亦未だ難しと為ず」（同ジペー）

で、初めの「劫焼」というのは、先程言った大の三災のなかの火災のことです。つまり、成住壊空とあるなかの、この宇宙がまさに最後的に壊れる壊劫に発生する大火災の時に、乾いた草を背負ってそのなかに入って焼けない、そんなことはできるはずもないのですが、これもまだ易しいと言っているのです。

次の八番目は、

「若し八万　四千の法蔵　十二部経を持《たも》って　人の為に演説して　諸《もろもろ》の聴《き》かん者をして　六神通を得せしめん　能《よ》く是《かく》の如くすと雖《いえど》も　亦未だ難しと為ず」（同三五三ジペー）

と示されています。このなかの「六神通」というのは、神境通・天眼《てんげん》通・天耳《に》通・他心通・宿命《しゅくみょう》通・漏尽《ろじん》通という六つの神通力のことです。爾前経を人に説いて神通力を得させせることは、まだ易しいと言っているのです。

最後の九番目が、

「若し人《ひと》法を説いて　千万億　無量無数　恒沙《ごうじゃ》の衆生をして　阿羅漢《あらかん》を得《え》六神通を具《ぐ》せしめん　是の益《やく》有りと雖も　亦未だ難しと為ず」（同ジページ）

ということです。これは、数えきれないほど多くの人に法を説いて、阿羅漢という位の悟りを得て、先程言った六神通を具えさせることができ、その利益・功徳はあったとしても、それはまだ易しいことだと言っているのであります。

このような六難と九易が対比して説かれているのですが、これは、滅後に法華経を受持信行することとは、このように大変なことであるぞと説かれているのであり、また、この難事を克服して妙法広布に精進していくところに、広大無辺なる功徳を享受できることを、我々はよく知らなければならないのであります。

大聖人様が、

「妙法蓮華経を修行するに難来たるを以て安楽と意得《こころう》べきなり」

（御書一七六二ジペー）

とおっしゃっておりますように、私達は難に対しても、あるいはすべてのものごとに対しても、逃げてはならないし、遠ざかってはならないのです。むしろ、立ち向かっていくということが大事です。

これは人から聞いた話なので実際にされては困るのですけれども、犬に足を噛《か》みつかれたら、皆さん、どうしますか。普通、足を引くでしょう。しかし、それではさらに強く噛まれることになってしまいます。だから反対に、犬の口の奥に足を突っ込んでしまえばいいと言うのです。すると犬はびっくりして、噛みついている足を離して、逃げてしまうらしいのです。そういう話を聞いたことがあります。

そのように、難から逃げてはだめなのです。むしろ逆に、いかなる障魔が起こってきても、お題目を唱えて、それに向かって突き進んでいくのです。そうすれば、先程の話の犬のように、難のほうが逃げていくわけです。だから、大聖人様は「難来たるを以て安楽と意得べきなり」とまでおっしゃっているのです。

魔は、私達が逃げるから追いかけてくるのです。魔は正義には弱いのですから、私達が正しい信心の姿勢をきちんと示せば、魔はたじろいで逃げていくのです。逃げるから追ってくるということは、私達が生活していくなかの、すべてにおいて言えるのではないでしょうか。

だから「難来たるを以て安楽と意得べきなり」という大聖人様の御金言をよく拝する時、難と立ち向かわずに逃げてしまえば、それは負けであります。むしろ魔や難が起きた時にこそ、我々は心身共にお題目をしっかり唱えて、その魔や難に立ち向かっていくことが大事であります。

さて『六難九易抄』の続きには、法華経を受持する人は即身成仏できると述べられ、さらに南無妙法蓮華経は、わずか一句ではあるけれども、一切経の肝心であり、眼目であって、南無妙法蓮華経の題目のなかには一切の功徳が漏れなく含まれていると仰せられ、文証を挙げて法華経こそ信ずべき法であると説かれております。

また、このような明文があるにもかかわらず、日本、中国、インドの謗法の学者らは学びそこなって小乗・権教に執着し、世間の人々も、そうした邪義を疑わずに信用してしまって法華経の敵《かたき》となり、無間地獄に堕《お》ちてしまうと経文に書かれている、と述べられております。

したがって、この法華経は女人も悪人も、そのままの姿で即身成仏ができる教えであるから、この法華経、つまり結論的には御本尊を信じて題目を唱えていけば、我々はいかなる身であったとしても即身成仏することができると、お手紙のなかで激励されておられるのであります。

前置きが長くなってしまいましたけれども、まずテキストの御文の初めに

**「法華経一部の肝心は南無妙法蓮華経の題目にて候」**とありますが、この御文の前を拝しますと、大聖人様は、

「南無妙法蓮華経の題目の内には一部八巻・二十八品・六万九千三百八十四の文字一字ももれ《漏》ずか《欠》けずおさ《収》めて候。されば経には題目たり、仏には眼《まなこ》たりと、楽天《らくてん》ものべられて候。記の八に『略して経題を挙ぐるに玄に一部を収む』と妙楽も釈しおはしまし候。心は略して経の名計《ばか》りを挙ぐるに、一部を収むと申す文なり。一切の事につけて所詮肝要と申す事あり」

（同一二四三ページ）

とおっしゃっているのです。

つまり、南無妙法蓮華経という七字の題目には一部八巻・二十八品・六万九千三百八十四文字のすべての功徳が漏れなく、ことごとく収まっているとおっしゃっているのです。それ故に「楽天」すなわち白楽天も、経には題目が大事であり、仏は眼が大切であると言い、また妙楽大師も『法華文句記』のなかで「略して経題を挙ぐるに玄に一部を収む」と言われているのです。この意味は、略して「経題」つまり妙法蓮華経の題目だけを挙げても、奥深く玄妙なる法華経の内容が、すべて収まっているとお示しであります。

次いで「**朝夕《ちょうせき》御唱へ候はゞ正《まさ》しく法華経一部を真読《しんどく》にあそばすにて候。二反《へん》唱ふるは二部、乃至百反は百部、千反は千部、加様《かよう》に不退に御唱へ候はゞ不退に法華経を読む人にて候べく候**」とおっしゃっています。

南無妙法蓮華経の題目は、まさに一部の肝要であり、そこに一部八巻・二十八品・六万九千三百八十四文字の功徳が、一つも漏れることなく収められているのでありますから、朝夕、南無妙法蓮華経と唱えれば、それは取りも直さず、法華経一部を真読する、つまり法華経一部を読むことになるということです。

そして、唱題の二遍は法華経を二部、乃至、百遍は百部、千遍は千部、読誦することに相当するのであるから、怠《おこた》りなく唱題をすれば、それは法華経を怠らず読誦する人であると言うことができると、唱題の功徳について大聖人様は、かくの如く御教示あそばされているのであります。

皆さん方も常々、唱題をなさっていらっしゃると思いますけれども、やはり唱題の功徳というのは、この御文の如く広大であります。ですから、うれしい時も悲しい時も苦しい時も、しっかりお題目を唱えることが大事です。しっかりとお題目を唱えていくことによって、ますます我々は成仏に近づけるのであります。

大聖人様は『法華題目抄』のなかに、

「問うて云はく、妙法蓮華経の五字にはいくばくの功徳をおさめたるや」

（同三五五㌻）

つまり、妙法蓮華経の五字の功徳とは、どれほどのものかと聞いているのに対し、

「答へて云はく、大海は衆流《しゅる》を納《おさ》め、大地は有情《うじょう》非情を持ち、如意宝珠《ほうじゅ》は万宝を雨《ふ》らし、梵王《ぼんのう》は三界を領す。妙法蓮華経の五字も亦復《またまた》是《か》くの如し。一切の九界の衆生並びに仏界を納めたり。十界を納むれば亦十界の依報の

国土を収む」（同ジペー）と仰せられ、「一切の九界の衆生並びに仏界を納めたり。十界を納むれば亦十界の依報の国土を収む」と、妙法蓮華経の五字の功徳がこれほど広大無辺なのだと示されております。

したがって、南無妙法蓮華経と唱題することの功徳は、まことにもって計り知れない、すばらしい功徳があるにもかかわらず、その唱題をしないということは、我々信徒として、大聖人様の弟子檀那として、あってはならないのです。だから、日夜朝暮に怠らず南無妙法蓮華経と唱えていくことが大事なのであります。

このことは皆さん方も、普段、指導教師の方からよく聞いていらっしゃるから、お解りのことと思いますけれども、唱題をしっかりしていくことを心掛けて、なにしろお題目を唱えるのです。そこから必ず解決の糸口が見つかっていきます。そのことを忘れずに、これからも是非、精進していただきたいと思います。

『聖愚問答抄』には、

「病者は薬をもしら《知》ず病をも弁《わきま》へずといへども服すれば必ず愈《い》ゆ。行者も亦然《しか》なり。法理をもしらずといへども、只《ただ》信ずれば見思・塵沙《じんじゃ》・無明の三惑の病を同時に断じて、実報寂光の台《うてな》にのぼり、本有三身の膚《はだえ》を磨かん事疑ひあるべからず。されば伝教大師云はく『能化所化倶《とも》に歴劫《りゃっこう》無く、妙法経力即身成仏す』と」（同四〇八㌻）

とおっしゃって、しっかりとお題目を唱えることが、いかに大事かを御教示であります。

ここに「行者も亦然なり。法理をもしらずといへども、只信ずれば見思・塵沙・無明の三惑の病を同時に断」ずるとおっしゃっており、さらに「実報寂光の台にのぼり」と、我々凡夫も菩薩・仏の住する国土に行けると仰せであります。

そして、一切衆生に本来具わっている無作常住の法報応の三身を、修行することによって顕現することを「膚を磨く」とおっしゃっているのであります。つまり、しっかりとお題目を唱えていけば成仏の境界に至るのであり、伝教大師は「能化所化倶に歴劫無く、妙法経力即身成仏す」と、妙法の力がいかにすばらしく広大であるかを仰せであります。

だから、お題目をしっかり唱えていくことが大事であり、皆さん方は常々行っていると思うけれども、例えば折伏に行く時も、お題目をしっかり唱えると、境界が違ってくるのです。怒りっぽい人も、怒らなくなります。折伏に行って、怒ってはだめですし、けんかをしてはだめです。説得するのならばいいですが、けんかしてはいけません。しっかりと胆力を鍛えていくには、やはりお題目です。しっかりとお題目を唱えていけば、折伏ばかりでなく、日常の生活のなかでも、きちんと胆力が備わり、どんな難事でも必ず乗り越えることができるのであります。

また大聖人様は『祈祷抄』に、

「行者は必ず不実なりとも智慧はをろかなりとも身は不浄なりとも戒徳は備へずとも南無妙法蓮華経と申さば必ず守護し給ふべし」（同六三〇ジペー）

と、唱題の功徳の広大無辺なることをおっしゃっております。

たとえ行者が不実なりとも、智慧が愚《おろ》かなりとも、身は不浄なりとも、あるいは戒徳などは具えていなくても、南無妙法蓮華経と唱えていけば、必ず大聖人様の御仏智を賜って守護されるのであるとおっしゃっているのです。だから、うれしい時も、厳しい時も、悲しい時も、お題目をしっかりと唱えていくならば、そのお題目の力によって、いかなる災難をも必ず乗り越えていけるのであります。

これは途中で、あきらめてはだめなのです。一遍、二遍のお題目を唱えただけで、これはだめだと思ってしまうようなものは、信心とは言えないでしょう。まあ重々、解っているでしょうが、やはり一生懸命にお題目を唱えていくことが大事なのです。

『一生成仏抄』には、

「衆生の心けがるれば土《ど》もけがれ、心清ければ土も清しとて、浄土と云ひ穢土《えど》と云ふも土に二つの隔《へだ》てなし。只《ただ》我等が心の善悪によると見えたり。衆生と云ふも仏と云ふも亦《また》此《か》くの如し。迷ふ時は衆生と名づけ、悟る時をば仏と名づけたり。譬へば闇鏡《あんきょう》も磨きぬれば玉と見ゆるが如し。只今も一念無明の迷心は磨かざる鏡なり。是《これ》を磨かば必ず法性《ほっしょう》真如の明鏡と成るべし。深く信心を発《お》こして、日夜朝暮に又懈《おこた》らず磨くべし。何様《いかよう》にしてか磨くべき、只南無妙法蓮華経と唱へたてまつるを、是をみがくとは云ふなり」（同四六ページ）

と仰せられ、唱題の功徳の広大なることを明かされているのであります。したがって、何かあったら唱題するのです。

例えば、折伏に行く前にしっかり唱題すると、違うでしょう。皆さん方も実際に、そうなさっていると思いますが、題目の力というのは本当に広大無辺であり、我々が量《はか》ることができないほど、本当に大きなものがあるのです。

大聖人様が『日女御前御返事』に、

「南無妙法蓮華経とばかり唱へて仏になるべき事尤《もっと》も大切なり」

（同一三八八㌻）

とおっしゃっているように、常日ごろから、しっかりとお題目を唱えていくことが、信心の原点と言えるのではないかと思います。

今、宗門は僧俗一致して来たるべき令和三年・宗祖日蓮大聖人御聖誕八百年の慶事をお迎えするために、折伏にすべての勢力を注いで頑張っております。

やはり、折伏ということは一番大事であります。

大聖人様の御出現の意味は、一天皆帰妙法広宣流布、すべての人にこの妙法を信じさせることであり、その御意《ぎょい》を汲んで、今、私達は折伏しているのです。

自分だけの信心は爾前権教の信心と同じであり、それでは成仏できません。やはり、自行化他にわたる信心が大事であります。
また、自分だけで折伏のすべてをしなくてもいいのではないかと思います。お寺に連れていき、御住職あるいは同志の方、講頭さんや婦人部長さん、青年部長さんなどに協力をお願いするような活動があってもいいのです。自分がなんでも全部、行うというのは大変ですが、みんなの力を合わせていけばできるでしょう。まずは、一人ひとりが必ず折伏に立ち上がることが大切です。お寺に連れてきて、お話を住職や講頭さんにお願いするのも、立派な折伏です。まさに大聖人様が、
「一文一句なりともかたらせ給ふべし」（同六六八ジペー）
とおっしゃる通り、信心の話を聞いてもらうために「お寺に行こう」とお誘いするのでもいいのです。そうして、みんなが本当に折伏に立ち上がっていけば、令和三年の八十万人体勢構築の誓願も必ず達成できると思います。

先程も言いましたが、小さいお子さんなどは、折伏に出向くことはできませんよね。だから、皆さん方が折伏に出掛けている間、お子さんやお孫さん達が、おうちで留守番や電話番をすることになるでしょう。お父さん、お母さんが折伏に出ている間、おうちを守ってくださるのですから、これも立派に折伏に参加していることになると思います。ですから、小さいお子さんが留守番をしてくれたら、帰った時に大いに褒めてあげてください。そういったことが、一家和楽の信心につながっていくのであります。

そのようにして、すべての老若男女、家中《いえじゅう》の人が異体同心の団結をし、折伏に参加して、家族愛をもって御奉公に励んでいくことが、大聖人様の御嘉納あそばされるところではないでしょうか。このことは普段から指導教師の方々から重々、聞いていらっしゃると思いますけれども、今日また改めて、そのことを心肝に染め、しっかりと令和三年に向かって御精進いただきたいと思います。

御法主日如上人猊下御講義

# 御書要文 第四期

令和元年六月二十三日

御講義テキスト（一三ページ七行目～一四ページ一一行目）

皆さん、おはようございます。

本年度の夏期講習会も、本日は第四期でございます。皆さん方には、諸事万端、御繁忙のところを御登山いただきまして、まことに御苦労さまでございます。

本日は、このテキストの十三ページの十番『本尊問答抄』からであります。

**10　本尊問答抄**

**願はくは此《こ》の功徳を以《もっ》て父母と師匠と一切衆生に回向《えこう》し奉らんと祈請仕《きしょうつかまつ》り候。其《そ》の旨《むね》をしら《知》せまいらせ《進》むがために御本尊を書きをくり《送》まいらせ候に、他事をすてゝ此の御本尊の御前にして一向に後世《ごせ》をもいのら《祈》せ給ひ候へ。又これへ申さんと存じ候。いかに御房たちはから《計》い申させ給へ。**

**（御書一二八三ページ九行目）**

この『本尊問答抄』は、弘安元（一二七八）年の九月に、日蓮大聖人様が五十七歳の時に、身延から安房《あわ》（現在の千葉県）清澄寺の浄顕房に与えられた御書でありまして、御書十大部の一つに加えられております。

ちなみに、御書十大部と申しますのは、第一に『唱法華題目抄』、二番目に『立正安国論』、三番目に『開目抄』、四番目に『観心本尊抄』、五番目に『法華取要抄』、六番目に『撰時抄』、七番目に『報恩抄』、八番目に『四信五品抄』、九番目に『下山御消息』、最後の十番目が『本尊問答抄』であります。

また、宗門では五大部と称して、五つの重要御書を挙げております。それは、まず初めに『立正安国論』、それから『開目抄』『観心本尊抄』『撰時抄』『報恩抄』であります。

『御書』をお持ちの方は『御書』の目次を御覧になりますと、題名の上のところに印がしてありまして、二重丸になっているのが五大部、一重丸になっているのが十大部という意味であります。例えば目次の十六ページを見ますと、『唱法華題目抄』には一重丸があり、隣の『立正安国論』には二重丸が付けられておりまして、これは『唱法華題目抄』は十大部の一つであり、『立正安国論』は五大部の一つであることを示しております。このように、目次を見れば解るようになっておりますので、御参考までに申し上げます。

さて、今申しましたように十大部・五大部があるのでありますが、その十大部について少し詳しく申しますと、まず初めが『唱法華題目抄』であります。

この『唱法華題目抄』は文応元（一二六〇）年五月二十八日、大聖人様が御年《おんとし》三十九歳の時に認《したた》められた御書で、当時、大聖人様は鎌倉の名越《なごえ》におられたのでありますが、対告衆《たいごうしゅ》は不明であります。

そして、この『唱法華題目抄』を書き表された二カ月後の七月十六日には、大聖人様は『立正安国論』を幕府に奏呈され、第一回の国主諫暁《かんぎょう》を行われたのであります。

さて、『唱法華題目抄』は十五番の問答形式になっておりまして、権実相対によって法華経が正法であることを示し、法華経の題目を唱える功徳を述べられているのであります。

御承知のように、法華経は釈尊の本懐の教えでありまして、法華経以前の教えは、

「四十余年。未顕真実（四十余年には未《いま》だ真実を顕さず）」

（法華経二三㌻）

と示されますように未顕真実、いまだ真実を顕されていないのです。したがって、法華経と比べれば、これはあくまでも方便であり、権《か》りの教えということになるのです。すなわち、釈尊は法華経を説くために四十二年間にわたって権りの教え、つまり方便の教えをお説きあそばされたのであります。

では、その方便の教えとは何かというと、大聖人様の御書のなかには、高い建物を建てる時に必要な足場のようなものだと示されております。これはどういうことかというと、足場を組んで高い建物を建てますけれども、その建物が出来上がったならば、その足場は不要になり、かえって邪魔になるのです。要

するに、四十余年未顕真実の、法華経以前の教えは、足場と同じで取り払わなければいけないのであり、法華経だけが唯一、真実の教えであるから、みんなそこに帰依しなければならないと言っているのであります。

このように、釈尊の説法をせられたうち、四十余年の権大乗教と、最後の八年間に説かれた実大乗教たる法華経とを対比して、どちらが正しいかを判断するのが権実相対であります。

そして、この御書では、念仏にしても真言にしても、諸宗は四十余年の、権りに説かれた教えに従ったものですから、これらはみんな間違いであり、まさに無得道であるとお示しになり、それに対して法華経の題目を唱える功徳の偉大さを述べられ、末法今時《こんじ》においては南無妙法蓮華経が成仏の大法であるとお説きになっております。

さらに末法は、摂受《しょうじゅ》ではなく、折伏であるとおっしゃっております。これは、末法においては邪義邪宗がはびこっていますが、その邪義邪宗を破折しなければ、正法は立てられないという意味であります。

摂受というのは、折伏と違いまして、柔らかく相手の謗法も許容しながら法を説いていく方法でして、折伏と言いますのは、皆さん方もよくお解りの通り、邪義邪宗の本尊や何かがあったら、それをまず謗法払いしなければなりません。そのように、あくまでも正しいものは一つで、それ以外のものは破棄しなければいけない、つまり相手の間違いを正して、この正法に帰依せしめるというものです。

要するに、摂受と折伏とがあるなか、末法は折伏と決まっているのでありますから、私達も大聖人様の正義こそ唯一絶対の教えであると示していくことが大事であります。

聞くところによりますと、他宗などでは仏教でありながら、例えば「神棚があってもいいでしょう」といった教えを平気で言っているようでありますけれども、大聖人様の教えはそうではないのです。釈尊五十年の説法のなかで法華経が本懐、唯一真実の教えであると説かれているのでありますから、それ以前に説かれた浄土の教えも真言の教えも、これは破折しなければならないのであります。

『唱法華題目抄』では、このことが説かれたあと、最後に釈尊滅後の人師の正邪を明かしまして、正邪の基準は何かというと、利根や通力ではなく、あくまでも御法門によって決せられるべきであるとおっしゃっているのであります。

さて、十大部の二番目は『立正安国論』です。

『立正安国論』につきましては、皆さん方もよく御存じだと思いますが、『立正安国論』は文応元年七月十六日、大聖人様が三十九歳の時に、時の最高権力者・北条時頼《ときより》に提出されましたところの第一回の国主諫暁書であります。

ちなみに、大聖人様は『撰時抄』のなかで、

「余に三度のかう《高》みやう《名》あり」（御書八六七㌻）

とおっしゃっておりますように、大聖人様は三回、国主を諫暁しておられま

す。

その第一回が、この『立正安国論』の提出をもって行われたのであります。第二回は文永八（一二七一）年の九月十二日、竜口《たつのくち》の御法難の直前に諫暁なさっております。それから第三回が、佐渡配流《はいる》からお帰りになられた文永十一年四月八日に平左衛門尉《へいのさえもんのじょう》に見参して諫暁をなされております。

この『立正安国論』が執筆される前、建長五（一二五三）年四月二十八日に大聖人様が立宗宣言をされて以来、七年間、正嘉元（一二五七）年八月二十三日の大地震をはじめ、多くの天変・地夭《ちよう》があり、その上、飢饉《ききん》・疫癘《えきれい》も起こったために国中の民衆がたいへん苦しんでいました。大聖人様は、これを見られて、その原因は国中の謗法によるものであり、多くの人はこれが解らないために様々な難を受けているということを『立正安国論』に認められて、北条時頼に奏呈したのであります。

本論におきましては、当時、民衆に最も広く信仰されておりました念仏を主《おも》に破折されております。また、この『立正安国論』は全体が客と主人の十問九答という形で成っております。十問十答ではないのです。十問九答で、十の問いに対して、答えは一つ足《た》りないのです。それはなぜかというと、客の最後の問いそのものが、そのまま主人の答えになっているのであります。

すなわち最初に、まず相次《あい》いで起こる天変・地夭、飢饉・疫癘の原因は、世の人々が皆、正法を捨てて、悪法を信じていることによって、国土を守護するところの善神がみんなこの国を去ってしまい、悪鬼・魔神が住み着いているためであると示されております。

そして、その経証として金光明経・大集経・仁王経・薬師経の四経の文を挙げまして、正法を信ぜず、謗法を犯《おか》すことによって三災七難が起こると述べられ、社会を覆い、人々の生命を蝕《むしば》んでいる一凶が法然《ほうねん》の念仏であると、厳しく破折しております。

さらに、この一凶を断《た》って、正法に帰依するならば、一切の災難が消えて平和楽土が実現すると述べられるとともに、もし正法に帰依しなければ、七難のうち、まだ起こっていない自界叛逆《ほんぎゃく》難と他国侵逼《しんぴつ》難の二難が競い起こると予言され、速やかに「実乗の一善」、妙法蓮華経に帰依するように仰せられております。

この大聖人様が予言された自界叛逆難と他国侵逼難は、まさにこのあと、他国侵逼難は蒙古《もうこ》の来襲、自界叛逆難は北条一門の同士討ちという形になって現れたのであります。

次に、十大部の三番目が『開目抄』であります。

『開目抄』は、文永九年の二月、大聖人様が五十一歳の時、佐渡配流中に塚原で御述作あそばされた御書で、四条金吾ほか門下一同に与えられております。

『観心本尊抄』が法本尊開顕の書と言うのに対しまして、『開目抄』は人《にん》本尊開顕の書と言われております。

また『当体義抄文段』（御書文段六一一ページ）によりますと、教行証のうち、

『開目抄』は一代聖教《しょうぎょう》の勝劣浅深を判じ、五段の教相を説く故に「教」の重《じゅう》に配せられ、『観心本尊抄』は受持即観心の義を明かす故に「行」の重に、それから『当体義抄』は当体蓮華を証得して寂光当体の妙理を顕す故に「証」の重に配せられております。

また総本山第二十六世日寛上人の『開目抄文段』（同五四㌻）には、『開目抄』と題するそのわけは、盲目を開く義にあるとされております。つまり、真実の三徳兼備の久遠元初の御本仏を知らない一切衆生の盲目を開かせる相を明かす故に『開目抄』と名付けられたということであります。

そして、そのなかで、

「日蓮は日本国の諸人に主師父母なり」（御書五七七㌻）

と結せられております。この「父母」というのは親ですから、大聖人様は日本国の諸人の主師親の三徳兼備の仏様だということを、この『開目抄』ではっきりとおっしゃっているのであります。

つまり、日蓮大聖人御自身が寿量文底下種の主師親三徳を具えた末法の本仏であることを明かされているのが『開目抄』なのであります。

次が『観心本尊抄』であります。

『観心本尊抄』は、文永十年四月二十五日、大聖人様が五十二歳の時、佐渡配流中に、富木常忍に宛てて認められた御書であります。

『開目抄』が人本尊開顕の書と言われるのに対して、この『観心本尊抄』は法本尊開顕の書と言われまして、題名も、正しくは「如来の滅後五五百歳に始む観心の本尊抄」と言います。したがって題号の意味は、末法の初めに上行菩薩、すなわち久遠元初の御本仏宗祖日蓮大聖人が御出現あそばされ、一切衆生が信ずる本門の本尊を顕した抄、ということになるのであります。

本抄は、大きく四段に分けることができます。

まず、第一に『摩訶止観』の一念三千の出処をまさしく示されまして、一念三千が情・非情にわたることを明かしております。

続く第二には、観心の義について論じておられまして、観心とは衆生の観心であり、末法では本門の本尊を信じて南無妙法蓮華経と唱えることに尽きるとおっしゃり、ここに受持即観心の義を明らかになさっているのであります。

第三には、末法に建立される御本尊について五重三段の教相から論じ、釈尊の教相・寿量文上脱益の本尊を打ち破って寿量文底下種の本尊を示し、末法の観心の本尊を結せられております。

そして最後に、久遠元初の自受用身である本仏日蓮大聖人が大慈悲を起こして、南無妙法蓮華経の大御本尊様を御図顕あそばされ、末法の一切衆生に信受せしめることが述べられております。

このように、この『観心本尊抄』は五重三段あるいは受持即観心、末法下種の法本尊開顕など、大聖人所立《しょりゅう》の三大秘法の本尊が、末法の法華経独一本門であることを詳しくお述べになっていらっしゃいます。

次に、十大部の五番目が『法華取要抄』です。

これは文永十一年五月二十四日、大聖人様が五十三歳の時、身延から富木常忍に与えられた御書で、法華経の要中の要である三大秘法の南無妙法蓮華経が末法弘通の本尊であることを明かされております。

日寛上人の『法華取要抄文段』（御書文段四九七ページ）によりますと、題号のうちの「法華」の二字は、釈尊一代の所説中、爾前の教えを捨てて法華経のみを用いることを示し、「取要」の二字は、広略要の法華経のなか、広略の法華経を捨てて肝要のみを取ることを示されています。

内容は、大きく三段に分けることができまして、最初に一代聖教を教主・教法の人法の両面から勝劣を論じ、法華経が最勝の経であることを明かされております。

次に法華経、特に如来寿量品は釈尊滅後、末法の日蓮大聖人のために説かれたものであるとして、法華経の眼目は末法にあることを示されております。

そして最後に、末法流布の大法は三大秘法の南無妙法蓮華経であることを明かされまして、広略を捨てて要の法華経である妙法蓮華経の五字を取る所以《ゆえん》を示されているのであります。また、当時の天変・地夭の現証を挙げまして、これらは正法の行者である大聖人様を謗《ぼう》じたためであって、末法広宣流布の先相であるとおっしゃっておられます。

次に六番目が『撰時抄』でありますが、これは建治元（一二七五）年六月十日、大聖人様が五十四歳の時に認められ、身延から駿河国《するがのくに》西山（現在の静岡県富士宮市）の由井氏に与えられた御書であります。

本抄は、身延入山の翌年に著されたものでありまして、正像末の三時の各々の時に適《かな》った正法を示し、前代未弘《みぐ》の最大深秘《じんぴ》の正法が経文の面《おもて》に現前することを述べて、寿量文底秘沈の大白法《だいびゃくほう》の存在を示唆《しさ》し、この深法が広宣流布すべきことを明かされております。

題号は「時を撰《えら》ぶ抄」との意でありまして、「時」とは何かというと、仏様の出現を感ずる衆生の機と、仏の応とが相《あい》交わる時であります。

日寛上人の『撰時抄愚記』（御書文段二八九ジペー）には、『撰時抄』の本意は末法の時を撰取することにあり、これには、

一、末法に必ず文底深秘の大法が広宣流布すること

二、大聖人様をもって下種の本尊となすべきこと

の二意があるとおっしゃっております。

内容は、まず仏法には時が肝要であることが述べられており、釈尊在世および滅後の正像末の三時の、インド、中国、そして日本の三国にわたる弘経の法を示し、それぞれの時代、国土の正法を明かされています。

まずインドでは、正法時代の初めの五百年には迦葉《かしょう》、阿難等が小乗教を流布し、正法時代ののちの五百年には竜樹、天親等が権大乗教を弘められました。

次に、像法時代の中期には中国で天台大師が法華経の迹門を流布し、像法時代の終わりには伝教大師が法華経迹門を日本に広宣流布したことが述べられております。

そして末法に入り、釈尊の仏法の功力《くりき》がなくなる白法隠没《びゃくほうおんもつ》の時代となって、上行菩薩が出現して最大深秘の大法を広宣流布し、一切衆生を救うことを明かされております。

さらに、五濁《ごじょく》悪世の末法にあって広宣流布に取り組む者の姿勢、心構えについて、不自惜身命で仏法を修行せよと教示あそばされております。また本抄では、真言宗は、念仏、禅宗などとは似るべくもなき大僻見《びゃっけん》であるとして、厳しく批判されております。

次に七番目の『報恩抄』でありますが、これは建治二年七月二十一日、大聖人様が五十五歳の時、身延から安房・清澄寺の浄顕房と義浄房に与えられた御書であります。

これは、大聖人様の旧師である道善房が亡くなりまして、その追善供養のために送られたものであります。

真実の報恩について説かれておりまして、最初に通じて四恩を報じ、別しては師の恩を報ずべきことを述べられ、大恩を報ずるためには仏法を習い究《きわ》め、智者となることが肝要で、そのためには出家して一代聖教を学ばなければならないとしております。

しかし、一代聖教を学ぶ明鏡となるべき十宗が、それぞれ自宗の正当性を主張するために、いずれの宗が仏の本意であるか判らない。そこで、インド・中国・日本の各宗の教義を挙げて批判なされ、一代聖教のなかでは法華経が最勝であって、法華経の肝心は題目にあることを示されております。

そして末法の法即人の本尊、および題目・戒壇の三大秘法を整足して明かされています。

特に本抄では真言を破折され、天台座主でありながら真言に転落した慈覚や智証については厳しく、これを破折しております。

そして最後に、三大秘法を信じて、これを流布し、一切衆生を救済することが、師の大恩を報ずる道であると説かれております。

次の八番目が『四信五品抄』であります。

建治三年四月初旬、大聖人様が五十六歳の時、身延で著されました。下総国《しもうさのくに》の富木常忍に与えられたもので、末法の法華経の行者の修行の姿が述べられております。

まず、法華経分別功徳品に説く四信五品について述べておりまして、このなかでも一念信解・初随喜が末法の法華経の行者の位であり、その修行は南無妙法蓮華経と唱えることであって、成仏の直道《じきどう》となることが明かされております。

そして、一分の解《げ》、つまり理解がなくとも、ただ題目を唱えることの功徳力を示しまして、その仏法上の位を明かされております。

ちなみに、この四信五品とは、法華経の功徳に、在世の弟子に約して四信、それから滅後の弟子に約して五品があるということで、これは法華経の分別功徳品のなかの御文に基づいて、『法華文句』で説かれているものであります。

まず「四信」というのは信心の段階を四種に分別したものでありまして、皆さんも御承知の通り、一番目が一念信解で、これは法華経を聞いて一念の信心を起こすことです。

二番目が略解言趣で、仏様の説かれたことの趣旨が略解と言いますから、ほぼ領解《りょうげ》できることです。

それから三番目が広為他説で、仏の説法を聞いて理解し、広く他人のために説くことです。

そして四番目の深信観成は、仏様の説法を深く信じ、真理を観じて理解することができるということで、この四つが四信であります。

次の「五品」とは、修行の方法を五種に分別したものであります。

まず、一番目が初随喜品で、仏様の説法を聞いて随喜の心を起こす、喜びを表すということであります。

それから読誦品で、これは法華経を文字通り読誦すること、三番目が説法品で、自ら法華経を受持し、他人のために説くことです。

それから四番目が兼行六度品で、これは法華経受持のかたわらに、布施・持戒・忍辱《にんにく》・精進・禅定・智慧の六波羅蜜を行ずるのです。つまり、法華経受持のかたわらに行うから兼行六度と言うのです。

それから五番目が正行六度品で、これは六波羅蜜を主に行ずることであります。

天台大師は、この五品をもって滅後の正行としたのですが、大聖人様は一念信解と初随喜品を末法の正意であるとおっしゃっておられ、『四信五品抄』のなかには、

「五品の初・二・三品には、仏正《まさ》しく戒定の二法を制止して一向に慧の一分に限る。慧又堪《た》へざれば信を以て慧に代《か》ふ。信の一字を詮《せん》と為《な》す」

（御書一一一二ジペー）

と、智慧によって成仏をするのではなくして、私達は信によって成仏をするという以信代慧、信をもって智慧に代えることを御指南あそばされております。

したがって、私達の信心の在り方は、ここに「信の一字を詮と為す」と説かれておりますように、信が最も肝要なのであります。

次の九番目が『下山御消息』で、これは建治三年六月、大聖人様が五十六歳の時の御書であります。身延で御述作あそばされ、弟子の因幡《いなば》房日永に代わって、甲斐《かい》国下山（現在の山梨県身延町）の地頭である下山兵庫五郎光基《みつもと》に送られた陳状であります。

この因幡房日永は日興上人に従って大聖人様に帰依しましたが、念仏の信者でありました父親、一説には主君とも言われますが、その下山殿が信仰を妨害したために、大聖人様が因幡房日永に代わってこの書を認め、光基を諫暁《かんぎょう》したのであります。

本抄では、法華経信仰に至った経緯を述べて、大聖人様の仏法の正しさを第三者の立場から論じております。また、当時の宗教界の状況を批判いたしまして、律の持斎者の堕落や、念仏、真言、禅等の誤りを指摘され、さらに天台宗が密教化するに及んで一国謗法となり、国が乱れたことが述べられております。そして、大聖人様が僧俗の謗法罪を明らかにして、三度の国主諫暁を行ったが受け入れられず、ついに身延に隠棲した顛末《てんまつ》が述べられております。

特に念仏無間《むけん》地獄の義を強調しておりまして、最後に、この陳状を提出した理由を述べ、念仏を捨てて大聖人様の仏法を信じ、親や主君を正法に導くことが真実の報恩行であると説かれております。

最後、十番目が先程拝読した『本尊問答抄』で、浄顕房の本尊についての質問に対して答えられた御書であり、題号が示すように問答形式で進められております。

その内容は、まず末代悪世の凡夫の本尊とすべきものは法華経の題目であることを経釈を引かれて明かされ、諸宗の本尊を一つひとつ破折されております。特に真言宗の本尊については厳しく破折されまして、弘法・慈覚・智証の三者の仏法上の根本的な誤りを指摘されております。

さらに、承久《じょうきゅう》の乱の際に隠岐《おき》の法皇、つまり後鳥羽上皇が真言の秘法により北条義時《よしとき》を調伏しようとして失敗した事実と、平家《へいけ》が安徳天皇を奉《ほう》じて源頼朝《よりとも》を密教によって調伏しようとしたが、逆に敗れてしまった事実を挙げて真言亡国の現証を述べられ、蒙古の来襲を真言によって調伏しようとするならば、第三の亡国の現証を生むであろうと警告されています。

そして最後に、妙法五字の本尊の未曽有《みぞう》なることを述べられて、法華経の題目こそ末法弘通の本尊であると結ばれております。

なお、この『本尊問答抄』の対告衆である浄顕房は、義浄房と共に清澄寺の道善房の弟子でありまして、大聖人様が十二歳で道善房に付いて修行をされた時以来、兄弟子として、よく庇護の働きをされた方であります。

特に、建長五年四月には、御承知の通り、大聖人様が立宗宣言をあそばされました。この時に、念仏の信奉者であった地頭の東条景信《かげのぶ》の迫害、そしてまた清澄寺の大衆の反対に値《あ》いまして、大聖人様がまさに命の危険にさらされた時に、この浄顕房と義浄房の二人にかくまわれて清澄寺を脱出し、東条の領外、西条の花房の蓮華寺に避難することができたのであります。

本書には、

「貴辺は地頭のいかり《怒》し時、義城房とともに清澄寺をいでておはせし人なれば、何となくともこれを法華経の御奉公とおぼしめして、生死をはなれ《離》させ給ふべし」（同一二八三ページ）

と褒《ほ》めており、また『報恩抄』には、

「日蓮が景信にあだまれて清澄山を出《い》でしに、をひ《追》てしのび出でられたりしは天下第一の法華経の奉公なり」（同一〇三一ページ）

とありまして、要するに、東条景信の襲撃あるいは清澄寺の者達の暴力から、大聖人様を護られたとおっしゃっているのであります。

特に浄顕房は、本書を与えられた時は、おそらく既に清澄寺の主になっていたのではないかと思われますが、建治二年、道善房の没後、追善のために御述

作あそばされた『報恩抄』の『送文』には、

「御まへ《前》と義城房と二人、此の御房をよみて《読手》として、嵩《かさ》がもり《森》の頂にて二・三遍《べん》、又故《こ》道善御房の御はか《墓》にて一遍よませさせ給ひては、此の御房にあづけさせ給ひてつねに御聴聞候へ。たびたびになり候ならば、心づか《付》せ給ふ事候なむ」（同一〇三八ページ）

とおっしゃっているのであります。

少し長くなりましたが、以上が十大部についての話であります。

では、本文に入ります。

初めに**「願はくは此《こ》の功徳を以《もつ》て父母と師匠と一切衆生に回向《えこう》し奉らんと祈請《きしょう》仕《つかまつ》り候」**とお述べになっております。

そもそも、回向とは本来、自らが仏道修行をして得たところの功徳を、他の人に回し向けるという意味であり、そこに自他共に仏果を成就しようと期するのであります。

したがって『御義口伝』には、

「今日蓮等の類聖霊《たぐいしょうりょう》を訪《とぶら》ふ時、法華経を読誦し、南無妙法蓮華経と唱へ奉る時、題目の光無間《むけん》に至って即身成仏せしむ。廻向《えこう》の文此《これ》より事起こるなり」（同一七二四ジペー）

とあります。すなわち、亡くなられた人達に対して法華経を読誦し、南無妙法蓮華経と唱えて追善供養する時、題目の光が無間地獄に至って成仏することができると仰せられ、回向の文はこれから起きたのであると示されているのであります。まさしく妙法信受の功徳の現当二世にわたる広大なることを、この御文によって知ることができるのであります。

さらにまた『御義口伝』には、

「此の妙法等の五字を末法白法隠没《びゃくほうおんもつ》の時、上行菩薩御出世有って五種の修行の中には四種を略して但《ただ》受持の一行にして成仏すべしと経文に親《まのあた》り之《これ》在り。夫《それ》とは神力品に云はく『於我滅度後、応受持斯《し》経、是人於仏道、決定《けつじょう》

無有疑』云云。此の文明白なり。仍《よ》って此の文をば仏の廻向の文と習ふなり」（同一七九五ジペー）

と仰せあそばされております。

すなわち、神力品で付嘱せられた三大秘法の南無妙法蓮華経を、末法に至って釈尊の仏法が隠没する時に、上行菩薩すなわち内証久遠元初の御本仏宗祖日蓮大聖人が御出現あそばされて、受持・読・誦・解説《げせつ》・書写の五種の修行のなかには読・誦等の四種を略して、ただ受持の一行を立て、受持即観心の義により即身成仏するであろうと、経文に厳然と説かれている。神力品に、

「我が滅度の後《のち》に於《おい》て　応《まさ》に斯《こ》の経を受持すべし　是の人仏道に於て　決定して疑《うたがい》有ること無《な》けん」（法華経五一七ジペー）

と説かれる、この文の心は明白であり、末代の衆生が御本尊を受持することによって必ず成仏するとの証文である。よって、この文をば仏の回向の文であると知るべきである、とおっしゃっているのであります。

されば『刑部《ぎょうぶ》左衛門尉女房御返事』のなかには、

「父母に御孝養の意《こころ》あらん人々は法華経を贈り給ふべし。教主釈尊の父母の御孝養には法華経を贈り給ひて候。日蓮が母存生してをはせしに、仰せ候ひし事をもあまりにそむき《背》まいらせて候ひしかば、今をくれ《遅》まいらせて候があながちにくやしく覚へて候へば、一代聖教《しょうぎょう》を検《かんが》へて母の孝養を仕らんと存じ候間、母の御訪ひ申させ給ふ人々をば我が身の様《よう》に思ひまいらせ候へば、あまりにうれしく思ひまいらせ候間、あらあらかき《書》つけて申し候なり。定めて過去聖霊も忽《たちま》ちに六道の垢穢《くえ》を離れて霊山浄土へ御参り候らん」（御書一五〇六ページ）

とおっしゃっております。

この文を現代文に訳して言いますと、「父母に孝養を尽くしたいと思う人は、必ず法華経を贈るべきである。教主釈尊も、父母の孝養のために法華経を贈られている。日蓮が母の存命であったころ、言葉に背いて、あまりに御苦労ばかりかけたので、母亡き今は、ただ残念に思うばかりである。それであるから一代聖教を考えて、ことには仏の孝養を説かれた法華経を仰いで、亡き母への孝養を尽くしたいと日々、励んでいるところ、あなたのように母御《ははご》の弔《とむら》いをなされる方のことは自分のことのように思われて、あまりにうれしく、父母の孝養のことを大略《たいりゃく》、書き記したのである。定めて、亡くなられたあなたの母御も、この法華経の法門を聞いて、たちどころに六道の穢《けが》れを離れて、霊山浄土へ参るであろう」とおっしゃっているのです。

つまり、法華経によって初めて成仏がかなえられるということを、おっしゃっているのであります。

続いて**「其《そ》の旨《むね》をしら《知》せまいら《進》せむがために御本尊を書きをくり《送》まいらせ候に、他事をすてゝ此の御本尊の御前にして一向に後世《ごせ》をもいの《祈》らせ給ひ候へ。又これへ申さんと存じ候。いかに御房たちははから《計》い申させ給へ」**と仰せでありますが、この御文の意味は、「今、正像末弘《みぐ》の本尊であることを知らせまいらせんがために、この御本尊様をお送りいたすから、今後は他事を捨てて、この御本尊の御前にして、ただただ一心に後生を祈るようにしなさい。また後便《こうびん》にて申し上げようと思うけれども、そのほかの御房達へもよろしく伝えてください」とおっしゃっているのです。

また『妙心尼《あま》御前御返事』には、

「このまんだら《曼荼羅》を身にたもちぬれば、王を武士のまぼる《守》がごとく、子をおや《親》のあい《愛》するがごとく、いを《魚》の水をたのむ《恃》がごとく、草木のあめ《雨》をねが《楽》うがごとく、とり《鳥》の木をたのむがごとく、一切の仏神等のあつまりまぼり、昼夜にかげのごとくまぼらせ給ふ法にて候。よくよく御信用あるべし」（同九〇三ページ）

と仰せであります。

この御文を拝する時、私達は一人ひとり御本尊様の広大無辺なる功徳を拝信し、いよいよ自行化他の信心に励んで、もって来たるべき令和三年の大聖人御聖誕八百年、法華講員八十万人体勢構築を目指して、講中が一結し、まさに異体同心の団結をもって、妙法広布へ向けて折伏に励むことが最も肝要であろうと思う次第であります。

次に十一番目の『法華初心成仏抄』です。

**11　法華初心成仏抄**

**よき師とよき檀那とよき法と、此の三つ寄り合ひて祈りを成就し、国土の大難をも払ふべき者なり。（御書一三一四ページ五行目）**

『法華初心成仏抄』は、弘安元（一二七八）年、大聖人様が五十七歳の時に、身延から駿河国岡宮《おかのみや》（現在の静岡県沼津市）に住む妙法尼に送られたと言われております。

題号の「初心」というのは、初めて発心し、仏道を志すことを言いまして、その初心の者が仏道を成就していくためには、いかなることが肝要であるかを御教示あそばされているのが、この御書であります。

なかんずく、仏教中において法華宗のみが仏所立《しょりゅう》の宗であって、余宗は仏様ではなくして、そのほかの論師あるいは人師が私見を元として立てた宗であると、大聖人様はおっしゃっております。そして、教機時国に約して法華経流布の義を定め、余経の無得道を明かして、独《ひと》り法華経のみが末法今時《こんじ》の衆生の成仏得道の経なることが示されているのであります。

今、申し上げましたなかの教機時国という四つのうち、教というのは文字通り仏様の教えのことで、言うなれば経律論です。それから、機というのは衆生の機根のこと、時というのは流布する教法に相応した時代のこと、国というのは国情を知って仏法を流布することを言います。

次に釈尊在世、正法時代、そして像法時代の例を引いて、法華経は一切の根本の大白法であることを示し、よき師・よき檀那・よき法の三つが寄り合って国難を払うことができると述べておられます。

また、無智の人も法華経によってのみ成仏ができるとし、強盛《ごうじょう》に折伏弘通すべきであると示され、さらに弘教の際に起こる三類の強敵《ごうてき》について明かして、難を恐れずに折伏を行ずる者こそ、真実の法華経の行者であるとおっしゃっております。

そして最後に、南無妙法蓮華経と唱える者は己心の仏性を呼び覚ますことができるとして成仏の要法を明かし、これを信じて唱題するように指導されております。

本文に入ります。

まず**「よき師とよき檀那とよき法と、此の三つ寄り合ひて祈りを成就し、国土の大難をも払ふべき者なり」**と仰せでありますが、この御文の前文から拝しますと、

「妙法の五字を弘め給はん智者をば、いかに賎《いや》しくとも上行菩薩の化身《けしん》か、又釈迦《しゃか》如来の御使ひかと思ふべし。又薬王菩薩・薬上菩薩・観音・勢至等の菩薩は正像二千年の御使ひなり。此等《これら》の菩薩達の御番は早《はや》過ぎたれば、上古の様《よう》に利生《りしょう》有るまじきなり。されば当世の祈りを御覧ぜよ、一切叶《かな》はざる者なり。末法今の世の番衆は上行・無辺行等にてをは《坐》しますなり。此等を能《よ》く能く明《あき》らめ信じてこそ、法の験《しるし》も仏菩薩の利生も有るべしとは見えたれ。譬へばよき火打ちとよき石のかど《角》とよきほくち《火口》と此の三つ寄り合ひて火を用ふるなり。祈りも又是《か》くの如し。よき師とよき檀那とよき法と、此の三つ寄り合ひて祈りを成就し、国土の大難をも払ふべき者なり」（御書一三一三ページ）

と仰せであります。

これを少し解りやすく、口語体にして言いますと、「妙法五字を弘める智人、つまり仏法の道理を弁《わきま》えて知っている人は、その身はいかに賎しくとも、上行菩薩の化身か、釈尊の御使いと知るべきである。」この化身というのは、仏・菩薩などが衆生を救うために、それぞれに応じて人などの姿で現れることであります。「また、薬王・薬上・観音・勢至等の菩薩は、正像二千年の間に出現する如来の使いである。しかし、今は末法であるから、これらの菩薩方の御番は過ぎ去っているので、上古のような利益はない。それを知らずに、これらの菩薩の教えに従って祈っている当世の者に、御利益がないのは元より当然である。末法今時の当番は、上行・無辺行等の本化《ほんげ》の菩薩方である。この道理をよくよく明らめ、信ずることによって、初めて仏法の効験・効《き》き目も、仏や菩薩の御利益も期待されるのである。例えば、よい火打ち金《がね》と、よい石の角《かど》と、よい火口《ほくち》の三つが寄り合って火を用いられるように、祈りもまた、よき師と、よき檀那と、よき法の三つが寄り合って成就し、国土の大難も払うことができるのである」とおっしゃっているのであります。

すなわち末法において、よき師と、よき檀那と、よき法とは、いかなる人師

と法を言うのかといえば、次の御文のなかに、

「よき師とは、指《さ》したる世間の失《とが》無くして、聊《いささか》のへつらふ《諂》ことなく、少欲知足にして慈悲あらん僧の、経文に任せて法華経を読み持《たも》ちて人をも勧《すす》めて持たせん僧をば、仏は一切の僧の中に吉《よ》き第一の法師なりと讃《ほ》められたり」（同一三一四ジペー）

と、「よき師」すなわち、よき僧侶というのは何かということが、ここに厳しくおっしゃっておるのであります。私達僧侶は、この御文を本当に真剣に拝していかなければならないと思います。

次に、

「吉き檀那とは、貴人にもよらず賤人をもにくまず、上にもよらず下をもいやしまず、一切人《ひと》をば用ひずして、一切経の中に法華経を持たん人をば、一切の人の中に吉き人なりと仏は説き給へり」（同ジペー）

とありまして、「貴人」というのは家柄とか身分、地位の高い人です。また

「賤人」は身分の低い人であります。つまり、上におべっかを使ったり、下に威張り散らしたりしないで、依法不依人ですから、人師・論師の言葉を用いずに仏様の説いた経文を用いるような人が「よき檀那」であるとおっしゃられています。

それから、

「吉き法とは、此の法華経を最為《さいい》第一の法と説かれたり。已説《いせつ》の経の中にも、今説《こんせつ》の経の中にも、当説の経の中にも、此の経第一と見えて候へば吉き法なり。禅宗・真言宗等の経法は第二第三なり。殊《こと》に取り分けて申せば真言の法は第七重の劣なり。然《しか》るに日本国には第二第三乃至第七重の劣の法をもって御祈祷《きとう》あれども、未《いま》だ其《そ》の証拠をみず《見》。最上第一の妙法をもって御祈祷あるべきか。是《これ》を正直捨方便・但説無上道・唯此《ゆいし》一事実と云へり。誰か疑ひをなすべきや」（同ページ）

と仰せあそばされております。

このなかの「已説の経」というのは、四十余年に説かれたところの華厳・阿含・方等・般若等のいわゆる爾前経のことで、「今説」とは法華経の開経である無量義経のことです。つまり、已今当の三説の経において法華経こそ第一、法華経こそが最もよき法であると説かれ、特に真言については「第七重の劣なり」とおっしゃっているのです。これはどういうことかと言いますと、お経の順位を挙げますと、まず第一に法華経で、二番目が涅槃経なのです。そして三番目が無量義経で、四番目が華厳経、五番目が般若経、六番目が蘇悉地《そしつじ》経であり、七番目が大日経であるから、大日経は七重の劣で、法華経と比べると歴然とした違いがあると言っているのです。

されば我々僧俗一同が「よき師とよき檀那とよき法と、此の三つ寄り合ひて祈りを成就し、国土の大難をも払ふべき者なり」との御文をしっかりと心肝に染め、改めて僧俗一致、異体同心、一致団結して、一意専心、広宣流布を目指して全力を傾注し、為宗為法、御奉公に励んでいくところに、初めて広宣流布もかなえられるということを銘記すべきであります。

大聖人様は『生死一大事血脈抄《けちみゃくしょう》』に、

「総じて日蓮が弟子檀那等自他彼此《じたひし》の心なく、水魚の思ひを成して異体同心にして南無妙法蓮華経と唱へ奉る処《ところ》を、生死一大事の血脈とは云ふなり。然《しか》も今日蓮が弘通する処の所詮是《これ》なり。若《も》し然らば広宣流布の大願も叶《かな》ふべき者か」（同五一四ジペー）

と仰せであります。

私どもは、今こそ僧俗一致、異体同心して、折伏誓願達成、一天広布へ向けて精進をしていくことが最も肝要であると思います。

次に、同じく『法華初心成仏抄』であります。

## 12　法華初心成仏抄

元より末法の世には、無智の人に機に叶ひ叶はざるを顧《かえり》みず、但《ただし》強ひて法華経の五字の名号《みょうごう》を説いて持たすべきなり。其の故は釈迦仏、昔不軽《ふきょう》菩薩と云はれて法華経を弘め給ひしには、男・女・尼《あま》・法師がおしなべて用ひざりき。或《あるい》は罵《ののし》られ毀《そし》られ、或は打たれ追はれ、一《ひと》しならず、或は怨《あだ》まれ嫉《ねた》まれ給ひしかども、少しもこり《懲》もなくして強ひて法華経を説き給ひし故に今の釈迦仏となり給ひしなり。（御書一三一五ページ五行目）

この御文の前文を拝しますと、仏法について無智の人が来て、生死を離れるべき道、すなわち成仏の法を求めてきた時は、いかなる経を説くべきであるかという問いに対しまして、まず「法華経を説くべきである」と断ぜられております。そして、法華経を受持した者は必ず仏に成れることを明かされまして、一代諸経をお説きあそばされた仏様の本意は、実にここにある、つまり法華経にあるとおっしゃっているのであります。

これに対しまして、「衆生の機根は千差万別で、根性はまちまちであるから、念仏を聞きたいと思う者もいるし、法華経を聞こうと思う者もいる。念仏を聞きたいと思う人に法華経を聞かせようとしても、なんの得益《とくやく》もないし、また念仏を聞こうとして説法を請われた時でも、強いて法華経を説くべきものなのか。仏の説法は機根に従って説かれてこそ、得益があるのではないか。それが仏の本意ではないのか」と、不審に思って問う人がいるならば、その人に対しては次のように言いなさいと仰せられて示されたのが、ただいま拝読した御文であります。

すなわち「末法の世にあっては、無智の人には機根のいかんを問わず、たとえ反対されようとも、強いて妙法五字を説くべきである」と仰せられているのであります。

そして「その故は、釈尊が昔、不軽菩薩と言われて法華経を弘められた時には、男や女や、尼や法師が、一人も漏れなく用いないで、あるいは罵《ののし》られ、あるいは毀《そし》られ、あるいは打たれ、あるいは追われたことは、一様《いちよう》ではなかった。あるいは怨《あだ》まれ、嫉《ねた》まれたけれども、少しも懲《こ》りることなく、強いて法華経を説かれたので、今の釈迦仏と成られたのである」とおっしゃっているのです。

皆さんも既に御承知の通り、不軽菩薩は威音王仏《いおんのうぶつ》の滅後、像法時代に出現して、一切衆生に仏性があるとして礼拝讃歎《らいはいさんだん》して、

「我《われ》深く汝等《なんだち》を敬う。敢《あ》えて軽慢《きょうまん》せず。所以《ゆえ》は何《いか》ん。汝等皆《みな》菩薩の道《どう》を行じて、当《まさ》に作仏《さぶつ》することを得《う》べし」（法華経五〇〇ページ）

と唱え、会う人ごとに対して専《もっぱ》ら礼拝を行じたのであります。

また、遠くにいる人達に対しましても、

「我敢えて汝等を軽《かろ》しめず。汝等皆、当に作仏すべきが故に」（同ページ）

つまり「私は、あえてあなた達を軽んじません。あなた方は必ず仏に成るべきであるからであります」と言って礼拝したのであります。

しかし、増上慢の四衆、すなわち比丘《びく》・比丘尼《に》・優婆塞《うばそく》・優婆夷《い》らは、不軽

菩薩に対して瞋恚《しんに》、つまり怒《いか》りの心をもって、

「是《こ》の無智の比丘、何《いず》れの所より来《きた》って、自ら我汝《なんじ》を軽しめずと言って、我等が与《ため》に当に作仏することを得べしと授記する。我等、是《かく》の如き虚妄《こもう》の授記を用いず」（同ページ）

つまり「この無智の悪比丘は、いったい、どこからやってきたのか。自分で『私は、あなた方を軽んじたりしない』と言って、我らのことを『必ず仏に成ることができるだろう』と予言している。けれども、我らはそのような偽《いつわ》りの予言など用いない」と言って、不軽菩薩を悪口罵詈《あっくめり》したのであります。

しかし、不軽菩薩は悪口罵詈されながらも怒りの心を生ぜず、多年にわたって常に、

「汝当に作仏すべし」（同五〇一ページ）

と言って、礼拝行をやめなかったのであります。

そのために増上慢の四衆は、今度は不軽菩薩に対しまして杖木瓦石《じょうもくがしゃく》をもって打《ちょう》

擲《ちゃく》し、つまり杖や木で打ったり、瓦《かわら》や石を投げて、不軽菩薩に迫害を加えたのでありますが、それでも不軽菩薩は、それを避けて遠くに行き、なお声高《こわだか》に、

「我敢えて汝等を軽しめず。汝等皆《みな》当に作仏すべし」（同ジペー）

と言って、なおも礼拝行を続けたのであります。

ひたすら礼拝行を続けた不軽菩薩は、その功徳によって、命《いのち》終わらんとする時に至って、威音王仏の説かれた法華経を虚空《こくう》のうちに聞き、ことごとく受持して六根清浄を得て、六根清浄を得終わって、さらに寿命を延ばすこと二百万億那由他《なゆた》歳、その間、広く人々のために法華経を説いたのであります。

その結果、かつて不軽菩薩を軽蔑《けいべつ》し、悪口罵詈し、杖木瓦石をもって迫害をした増上慢の四衆、すなわち不軽菩薩を軽しめて「常不軽」と名づけた者達も、但行《たんぎょう》礼拝の功徳によって不軽菩薩が大神通力、楽説《ぎょう》弁力、大善寂力を得るを見て、また、その説くところを聞いて皆、信伏随従するに至ったのであります。

このなかの大神通力というのは身に神通力を示現《じげん》することであり、楽説弁力

というのは自在無礙《むげ》に弁舌する力であります。そして、大善寂力というのは心に禅定《ぜんじょう》を得る力で、禅定というのは心を静めて真理を観察し、心身共に動揺することがなく、泰然として安定した状態を言うのでありまして、この大善寂力を得たということであります。

『法華文句』には、この三力を身口意《しんくい》の三業《ごう》および衣座室《えざしつ》の三軌《き》に配しまして、

「不軽菩薩が一切衆生に仏性ありとして、人々を軽んぜず深く敬ったのは、衣座室の三軌のうちには如来の座に当たり、悪口罵詈・杖木瓦石の難を忍んだのは如来の衣を著《き》るに当たり、慈悲の心をもって常に礼拝を続けたのは如来の室に当たる。また、不軽菩薩が四衆を深く敬ったのは、身口意の三業に当てはめれば意業に当たり、『我深く汝等を敬う』等の二十四字を説いたのは口業に当たる。そして、故《ことさら》に往《ゆ》いて礼拝するのは身業に当たる」（文句会本下四五一ページ取意）

と仰せられています。

すなわち、不軽菩薩はこの礼拝行を通じて衣座室の三軌を身口意の三業にわたって行じた功徳によって大神通力等の三力を得、また、それを目の当たりにした増上慢の四衆も法華経に帰依することができたのであります。つまり、不軽菩薩を迫害した増上慢の者達も、さすがに不軽菩薩の大神通力、楽説弁力、大善寂力という現証を目の当たりにして、ついに信伏随従するに至らざるをえなかったのであります。

このことは私達の信心、特に折伏においても、まことに大事なことであると思います。

折伏には、なにしろ説得力が必要であります。説得力が乏《とぼ》しいと、相手はなかなか信じません。したがって、説得力を身に付けなければなりませんが、いくら言葉が巧《たく》みであっても、それだけでは相手は入信しません。

大聖人様は『法蓮抄』に、

「凡夫は此の経は信じがたし。又修行しても何の詮《せん》かあるべき。是《これ》を以《もっ》て之《これ》を思ふに、現在に眼前の証拠あらんずる人、此の経を説かん時は信ずる人もありやせん」（御書八一四㌻）

と仰せのように、折伏に当たって最も説得力があるのは、信心の功徳を現証として相手に示すことであります。

今、我々の折伏も、不軽菩薩の大神通力、楽説弁力、大善寂力を目の当たりにして、増上慢の四衆が等しく、その説くところを聞いて信伏随従するに至ったように、信心の確《かく》たる現証を示すことが肝要なのであります。

そのためには、まず自らが自行化他の信心に励むことであります。自行化他の信心に励むところ、必ず自然と妙法の広大なる功徳によって、我らもまた不軽菩薩と同様に大神通力、楽説弁力、大善寂力を得ることができるのであります。

大聖人様は『御義口伝』のなかで、

「所詮今《いま》日蓮等の類《たぐい》南無妙法蓮華経と唱へ奉る行者は末法の不軽菩薩な

り」（同一七七八㌻）

と仰せになっていらっしゃいます。すなわち、私達が不軽菩薩と同じように大神通力、楽説弁力、大善寂力を得ることができれば、おのずと私達の身口意の三業にわたる所行のすべてが折伏に役立つ、つまり強烈な説得力を持つことになるのであります。

例えば、折伏の言葉一つにしても、自然と楽説弁力の功徳が発揮され、相手の信頼感を得ることができるのであります。折伏は、我々の言っていることを相手が信じてくれなければ何もなりません。相手の信頼に足《た》る言葉、行い、意《こころ》がなければ、折伏は成就しないのであります。大御本尊様への絶対信をもって自行化他の信心に励む時、妙法の広大なる功徳によって、まず自らが変わり、自らが変わることによって相手が変わり、折伏成就に至るのであります。

今、宗門は、まさに僧俗挙げて来たるべき令和三年・法華講員八十万人体勢構築の実現へ向けて前進をしております。かかる時にこそ、皆さん方には、一人も漏れず、不軽菩薩の行規を見習って折伏に立ち上がり、誓願を必ず達成されますよう、心からお祈りするものであります。

私どもの信心は、自行化他にわたるものでなければなりません。自行ばかりで、折伏を忘れた信心は、御本仏の御意《ぎょい》に反します。

したがって、大聖人様は『南条兵衛《ひょうえ》七郎殿御書』に、

「いかなる大善をつくり、法華経を千万部書写し、一念三千の観道を得たる人なりとも、法華経のかたき《敵》をだにもせめ《責》ざれば得道ありがたし」

（同三二二ページ）

と、法華経の敵を責める、つまり折伏をしなければ「得道ありがたし」、成仏得道はないぞと、厳しくおっしゃっておられます。

また『聖愚問答抄』には、

「今の世は濁世《じょくせ》なり、人の情もひがみゆがんで権教謗法のみ多ければ正法弘まりがたし。此の時は読誦・書写の修行も観念・工夫・修練も無用な

り。只《ただ》折伏を行じて力あらば威勢を以《もっ》て謗法をくだき、又法門を以ても邪義を責めよとなり」（同四〇三ジペー）

と、我々の普段の信心において、折伏を忘れては成仏できないとおっしゃっているのであります。

さらに『如説修行抄』には、

「今の時は権教即実教の敵と成る。一乗流布の代《よ》の時は権教有って敵と成る。まぎ《紛》らはしくば実教より之《これ》を責むべし。是《これ》を摂折《しょうしゃく》の修行の中には法華折伏と申すなり」（同六七二ジペー）

と仰せであります。

まさに天台大師が、

「法華折伏破権門理《ごんもん》」（同ジペー等）

と仰せの通り、我々の修行は折伏であり、折伏をもって邪義邪宗を破折して多くの人を救っていくところに、私達の信心の行体・行儀があるのであります。

また『如説修行抄』には、

「権実雑乱《ぞうらん》の時、法華経の御敵を責めずして山林に閉ぢ篭《こも》りて摂受《しょうじゅ》の修行をせんは、豈《あに》法華経修行の時を失ふべき物怪《もっけ》にあらずや」（同六七三㌻）

と仰せであります。まさに今日《こんにち》、権実雑乱の時に「法華経の御敵を責めず」、折伏をせずに、のうのうとしておるのは、「豈法華経修行の時を失ふべき物怪」すなわち化け物だと、大聖人様はおっしゃっているのです。

折伏というのは、大聖人様が『諸法実相抄』に、

「一文一句なりともかたらせ給ふべし」（同六六八㌻）

とおっしゃっているように、どんな人に対しても、大聖人様の教えが正しいことを、戒壇の大御本尊様のすばらしいことを説けばいいのです。

折伏というと、折伏はけんかするものだと思っている人はいないと思うけれども、なかには勘違いしている人もいるのではないでしょうか。これはだめです。けんかをしに行くのではないのです。救いに行くのですから、けんかをし

てはだめです。相手がいかに怒っても、こちらは信心をしている姿を見せるためにも冷静に対処しなければいけません。それを一緒になって怒ってけんかになってしまい、挙げ句の果てが「あの人はいくら折伏してもだめだ」と言うようなことがあってはいけません。

そのためには、しっかりとお題目を唱えることが大事です。自分自身、しっかりとお題目を唱えていくと、けんかになるようなことはありません。これは私が言うまでもなく、皆さん方は百も二百も承知のことだと思いますけれども、ともすると忘れてしまうことがあるのです。だから、それを忘れないで、この御文の通り、しっかりと折伏をしていただきたいと思います。

あくまでも、折伏は慈悲行なのです。だから、慈悲の心をもって折伏に励むということを忘れなければ、必ず折伏は達成できます。この折伏の件についてては講中挙げて、みんなで、よく話し合って、是非、頑張っていただきたいと思います。

よく言う話でありますけれども、小さいお子さん達が、お父さん、お母さんが折伏に行っている間、お留守番をしてくれますでしょう。これも立派に、折伏に参加していることになるのです。

小さい子に折伏しろと言っても難しいでしょう。でも、お父さん、お母さんが折伏に行っている間のお留守番ならばできますね。そして折伏から帰ってきたならば、しっかりとお留守番してくれたお子さん達を「よく頑張ったね。よくお留守番したね」と褒めてあげなければなりません。そこに、一家和楽の信心が生まれてくるのであります。こういったことも心掛けて、本当に異体同心していくことが大事ではないかと思います。

特に宗祖日蓮大聖人御聖誕八百年を、いよいよ二年後に迎える我々にとって、まさに今こそ持てる力を傾注して、講中の全員が折伏に立ち上がって、すべての支部が折伏誓願を必ず達成し、御本仏大聖人様の御照覧を仰ぎ奉っていただきたいと思います。

そのためには、まず一人ひとりがしっかりとお題目を唱えて、その題目の功徳をもって、右顧左眄《うこさべん》することなく、決然として折伏に立ち上がることが肝要であります。そして、その輪が大きく講中に広がり、全員参加の折伏戦が展開されることになるのであります。

本日、参加せられた方々は、それぞれの支部にお帰りになりましたら、皆さん方にもこのことを伝えていただき、みんなが一つの心でもって折伏に立ち上がれば、必ず誓願は達成されると思います。

御聖誕八百年まで、いよいよ残り二年になりました。みんなの力で誓願を見事、達成し、大聖人様の御照覧を仰ぎ奉るようにしていきたいと思います。

皆さん方のいよいよの御精進を心からお祈りし、本日の話といたします。

御法主日如上人猊下御講義

# 御書要文　第五期

令和元年六月三十日
御講義テキスト（一五ページ一行目～一六ページ一三行目）

皆さん、おはようございます。

本年度法華講夏期講習会第五期に当たりまして、皆さん方には御繁忙のところ、御登山、まことにおめでとうございます。

本年度は、これまでにテキストの十四ページの十二番『法華初心成仏抄』まで講義しましたから、今日は十三番の『法華初心成仏抄』からお話をしていきますので、どうぞよろしくお願いいたします。

13　法華初心成仏抄

されば「若《も》し暫《しばら》くも持《たも》つ者は我れ則《すなわ》ち歓喜す諸仏も亦然《またしか》なり」と説き給ふは此《こ》の心なり。されば三世の諸仏も妙法蓮華経の五字を以《もっ》て仏に成り給ひしなり。三世の諸仏の出世の本懐、一切衆生皆成仏道の妙法と云ふは是《これ》なり。是等の趣《おもむき》を能《よ》く能く心得て、仏になる道には我慢偏執《へんしゅう》の心なく、南無妙法蓮華経と唱へ奉るべき者なり。（御書一三二一ページ二行目）

この『法華初心成仏抄』は、弘安元（一二七八）年、大聖人様が五十七歳の時の御書で、身延から駿河国《するがのくに》の岡宮《おかのみや》（現在の静岡県沼津市）に住んでおられる妙法尼に与えられたと言われております。

題号の「初心」というのは、読んで字の如く、初めて発心して仏道を志すということです。その初心の者が仏道を成就していくためには、いかなることが肝要であるかを御教示あそばされているのが本抄であります。

なかんずく、仏教の諸経中において法華経のみが仏様所立《しょりゅう》の宗であって、そのほかの念仏とか、あるいは禅宗といった余宗は、菩薩や人師の私見を元として立てた宗旨であるとされ、教機時国に約して法華経流布の義を定めて余経無得道を明かし、独《ひと》り法華経のみが末法今時《こんじ》の衆生の成仏得道の経であることを示されているのであります。

この教機時国のうち、まず初めの「教」というのは、信仰上の教えを意味します。天台大師の『法華玄義』のなかに、

「教とは、聖人、下に被《こうむ》らしむるの言なり」（玄義会本上五七ページ）

とありますように、教とは聖人が訓戒を垂れ、人を導く言葉であります。聖人が心に持つものを法と言います。その法が言葉に顕れると教、教えとなるのであります。また、仏一代所説の法をはじめ、菩薩、諸聖《しょしょう》の垂れ給うところの教道を総称して教と呼んでおります。

次に「機」は、衆生の機根そのものです。仏の教化を受ける衆生の可能性、あるいはまた、その状態を機と言います。

『法華玄義』のなかには、機の三義について説かれております。そこには、

「一には機は是れ微《び》の義」（同下五ページ）

とおっしゃっております。これは、仏様の説法を聞いて、それまで微々《びび》として内在していた生命の能力が発動して、よく善法、要するに正しい法、善《よ》き法を生ずることができるという可発の義であり、衆生に本来、具わっている能力で

あります。

二番目には、

「機は是れ関《かん》の義なり」（同ジペー）

とおっしゃっています。これは、仏と衆生との関係は、仏が慈をもって善の機に対し、また悲をもって悪の機に対するものとし、また仏は衆生の機を感じて出世するということであります。

三番目は、

「機は是れ宜《ぎ》の義なり」（同ジペー）

とおっしゃっております。そもそも我々衆生の機根は、十人十色、百人百色、本当に色々でありまして、まさに千差万別であります。そのそれぞれの機根の宜《よろ》しきに随って、仏様は種々の法門をお説きあそばされるのであります。

大聖人様は『教機時国抄』に、

「機とは、仏教を弘むる人は必ず機根を知るべし」（御書二七〇ジペー）

とおっしゃっております。つまり仏法流布の上で、衆生がいかなる教法によって成仏できるかを見定めることの大切さをお説きあそばされているのでありま す。

次に「時」というのは、流布する教法に相応した時のことであります。つまり、これは布教に当たって、今はいかなる時かを知り、その宗教が時に適しているか否かを洞察することが必要となるのであり、これは衆生の機根、つまり教法を受け入れる能力、素質は、時の変遷に応じて変化する故であります。

最後の「国」というのは、衆生の住する土《ど》、つまり世間のことで、衆生世間・国土世間・五陰《ごおん》世間の三世間が説かれるなかの国土世間のことを言うのであります。

これは、仏法を流布する際に国の実情に応じて弘めることを教えられているのであります。寒い国・熱い国、貧しい国・豊かな国、あるいは中国・辺国、大国・小国、あるいは小乗の国・大乗の国・大小兼学の国など、たくさんの種類があるのです。そこで、国情を知って仏法を流布することが大切であるとおっしゃっているのであります。

このような教機時国に約して法華経のみが仏の本意であり、成仏の法であることが示され、末法今時は法華経二十八品の肝心である南無妙法蓮華経のみが成仏の要法であると述べられております。

その次には釈尊在世、さらに正法時代、像法時代の例を引きまして、法華経は一切の根本の大白法であることを示し、よき師・よき檀那・よき法の三つが寄り合って、国難を払うことができると御教示あそばされております。

また、無智の人も法華経によってのみ成仏ができると示されるとともに、強《ごう》盛《じょう》に折伏弘通すべきであることが述べられ、その折伏弘教の際に起こる三類の強敵《ごうてき》について明かされて、難を恐れずに折伏を行ずる者こそ、真実の法華経の行者であるとお説きあそばされています。

三類の強敵というのは、皆さん方もよく御承知のように、釈尊滅後、法華経の行者を種々の形で迫害する三種の敵人のことであります。これは法華経勧持品で説かれておりまして、俗衆増上慢・道門増上慢・僣聖《せんしょう》増上慢の三つであります。

俗衆増上慢というのは、法華経の行者に対して悪口罵詈《あっくめり》したり、あるいは時に刀杖《とうじょう》を加えたりする、仏法に無知な在俗の人々のことで、次の道門増上慢は、慢心で邪智に富んだ僧侶のことを言うのであります。そして僣聖増上慢というのは、まさに聖者のように装《よそお》って社会的に尊敬を受ける者で、その内面では利欲に執着し、悪心を抱いて法華経の行者を怨嫉《おんしつ》し、ついには権力を利用して時に流罪・死罪にまで迫害を及ぼすところの敵人を言うのであります。

こうしたことが説かれたあと、最後に南無妙法蓮華経と唱える者は己心の仏性を呼び覚ますことができると成仏の要法を明かされ、これを信じて唱題するように御教示あそばされているのが本抄であります。

それではは本文に入りますが、まず初めに**「されば『若《も》し暫《しばら》くも持《たも》つ者は我れ**

**則《すなわ》ち歓喜す諸仏も亦然《またしか》なり』と説き給ふは此《こ》の心なり」**とありますけれども、

この御文の前の部分を拝しますと、

「口に妙法をよび奉れば我が身の仏性もよばれて必ず顕はれ給ふ。梵王《ぼんのう》・帝釈《たいしゃく》の仏性はよばれて我等を守り給ふ。仏菩薩の仏性はよばれて悦《よろこ》び給ふ」（同一三二一ページ）

とあります。すなわち、口に妙法を呼び奉れば、つまりお題目を唱えれば、我が身の仏性が呼ばれて顕れてくるだけではなく、梵王や帝釈の仏性も呼ばれて、私達を守るというのです。

この梵王というのは仏法守護の善神で、娑婆世界の主《ぬし》と言われております。大梵あるいは梵天とも言われ、淫欲《いんよく》を離れているために梵と言い、清浄あるいは浄行と訳されております。梵王は仏様が出世して法を説く時には必ず出現し、帝釈天と共に仏様の左右に列《つら》なり、その法を守護する神様であります。バラモン教では万物の根源法である「梵」の神格化されたものと言っております。

また帝釈というのは、これも同じように仏法を守護する諸天善神の一つで、帝釈天のことです。釈提桓因《しゃくだいかんにん》、天帝釈とも言われ、インドの神話上では最高の神様でありまして、仏教では梵王と共に法を護る神となっております。須弥山《しゅみせん》に住み、持国天・増長天・広目天・多聞天の四天の主で、釈尊の修行中、種々に姿を変えてその求道心《ぐどうしん》を試みましたけれども、成道後は守護を誓っております。法華経序品第一には、眷属である二万の天子《てんじ》と共に法華経の会座《えざ》に列なったと記されております。

この梵王や帝釈の仏性も呼ばれ、その用《はたら》きを発揮して我らを守り、さらに仏・菩薩の仏性も呼ばれて喜ばれると、妙法信受の広大なる功徳を挙げられて、かくの如く仰せられているのであります。

それに続いて「されば『若し暫くも持つ者は我れ則ち歓喜す諸仏も亦然なり』と説き給ふは此の心なり」と仰せなのでありますが、これは法華経見宝塔品の御文であります。すなわち「もし、少しの間でも妙法を持つ者がいれば、我れ、つまり仏は歓喜するし、諸仏もまた同様である、と説かれているのは、この意である」と仰せられているのであります。

すなわち、口に南無妙法蓮華経と唱えれば、我が身の仏性も呼び呼ばれて顕れてくる。また、梵天・帝釈等の諸天善神の仏性も呼ばれて、我々を守護し、さらに仏・菩薩の仏性も呼ばれて喜ばれると、仰せになっていらっしゃるわけであります。

つまり梵天・帝釈等の諸天善神は、正法を護る人々が法を聞くことを喜ばれ、また仏・菩薩の仏性も呼ばれて、その人を守護するとおっしゃっているのであります。

続いて**「されば三世の諸仏も妙法蓮華経の五字を以《もっ》て仏に成り給ひしなり。三世の諸仏の出世の本懐、一切衆生皆成仏道の妙法と云ふは是《これ》なり。是等の趣《おもむき》を能《よ》く能く心得て、仏になる道には我慢偏執《へんしゅう》の心なく、南無妙法蓮華経と唱へ**

**奉るべき者なり」**と仰せであります。

つまり、三世の諸仏も妙法蓮華経の五字によって仏と成ったのであります。まさしく妙法蓮華経の五字は三世の諸仏の出世の本懐であり、一切衆生が皆、仏道を成ずる法とは、この妙法五字であります。これらの趣旨をよくよく心得て、仏に成る道は、我慢偏執の心なく南無妙法蓮華経と唱え奉ることであると知るべきである、とおっしゃっているのであります。

されば、末法の御本仏宗祖日蓮大聖人御図顕の大御本尊を拝信し、余行を雑《まじ》えずに南無妙法蓮華経と唱え奉る時、我が身が即、妙法の当体となり、即身成仏の本懐を成就することができると覚知して、いよいよ自行化他の信心に励んでいくことが肝要であります。

次に、十四番目の『新池《にいけ》殿御消息』を拝読いたします。

14　新池殿御消息

浄土宗の人々は阿弥陀仏を本尊とし、真言の人々は大日如来を本尊とす。禅宗の人々は経と仏とをば閣《さしお》きて達磨《だるま》を本尊とす。余の人々は念仏者真言等に随《したが》へられ、何《いず》れともなけれども、つよきに随ひ多分に押されて、阿弥陀仏を本尊とせり。現在の主師親たる釈迦《しゃか》仏を閣きて、他人たる阿弥陀仏の十万億の他国へにげ《逃》行くべきよしをねがは《願》せ給ひ候。阿弥陀仏は親ならず、主ならず、師ならず。されば虚言《そらごと》の四十八願を立て給ひたりしを、愚《おろ》かなる人々実《まこと》と思ひて、物狂《ものくる》はしく金拍子《かねびょうし》をたゝき、おどりはね《跳》て念仏を申し、親の国をばいと《厭》ひ出《い》でぬ。来迎《らいごう》せんと約束せし阿弥陀仏の約束の人は来たらず。中有《ちゅうう》のたび《旅》の空に迷ひて、謗法の業《ごう》にひかれて三悪道と申す獄屋《ごくや》へおもむけば、獄卒阿防羅刹《あぼうらせつ》悦《よろこ》びをなし、とら《捉》へから《搦》めてさひ《嘖》なむ事限りなし。（御書一三六四ジペー七行目）

この『新池殿御消息』は、弘安二（一二七九）年五月二日、日蓮大聖人様が五十八歳の時、身延でお認《したた》めあそばされて新池左衛門尉に与えられた御消息でありけます。これは新池殿が、亡くなった一子《いっし》の追善供養のために、米三石《こく》を御供養されたことに対する御返事であります。

本抄を頂きました新池殿についてては、詳しいことはよく判っておりませんが、遠江国磐田《とおとうみのくにいわた》郡新池、今の静岡県袋井市新池に住む鎌倉幕府直参《じきさん》の武士で、第二祖日興上人の教化によって入信し、妻の新池尼と共に純真な信心を貫いたと言われております。

本抄の内容は、まず初めに、新池殿が遠州から身延の日蓮大聖人様のもとにお米を御供養申し上げたのに対しまして、阿育大王や阿那律の例を引かれて、法華経供養の功徳を述べられております。

すなわち、阿育大王は過去世に徳勝童子であった時、土の餅《もちい》を釈尊に供養した功徳によって阿育大王と生まれ、阿那律は過去世において辟支仏《びゃくしぶつ》に稗《ひえ》の飯《はん》を御供養した功徳によって太子と生まれ、しかも飯が絶えることがない器を持って生まれたと言われております。

これらの例で供養された物は、土の餅、稗の飯といった、いずれも貧しく粗末な物に過ぎませんが、そこに込められた真心が純粋であったのと、その対象が仏様であり辟支仏であった故に、大きな功徳を生じたのであります。

次に、インド・中国・日本の三国の仏法流布の相について示され、日本において一国謗法となり、阿弥陀仏を本尊としている現状や、日蓮大聖人様に敵対し、重ねて大難を加えている事実を述べられております。さらに法華経の行者としての御確信と、法華経の行者なるが故に難を受けるのであると、その理由について明かされております。

最後に、新池左衛門尉が険難の道を越えて、はるばる身延の大聖人様のもとを訪れたことは大変に宿縁の深いことであると、その志を褒《ほ》められ、激励をされております。

本文に入る前に、ただいま拝読いたしました御文の前の部分を拝しますと、

「人王三十代欽明《きんめい》天皇の御宇《ぎょう》に、日本国に始めて釈迦仏の金銅《こんどう》の像と一切経は渡りて候ひき。今七百余年に及び候。其《そ》の間一切経は五千余巻或《あるい》は七千余巻なり、宗は八宗九宗十宗なり。国は六十六箇国、二つの島。神は三千余社、仏は一万余寺なり。男女よりも僧尼は半分に及べり。仏法の繁昌《はんじょう》は漢土にも勝《すぐ》れ、天竺《てんじく》にもまさ《勝》れり。但《ただ》し仏法に入って諍論《じょうろん》あり」

（御書一三六四㌻）

と仰せになっております。

解りやすく言いますと、「欽明天皇の御代《みよ》に、百済《くだら》の聖明《せいめい》王から初めて金銅の釈迦仏と一切経が渡ってきて今に七百余年。その間に渡ってきた一切経は、五千余巻あるいは七千余巻の多数に達している。宗旨としては、倶舎《くしゃ》宗・成実《じょうじつ》宗・三論宗・法相《ほっそう》宗・華厳宗・律宗・天台宗・真言宗の八つがあり、これに浄土を加えると九宗となり、さらに禅宗を加えて全部で十宗とも言われている。

国の数は六十六カ国と島二つ、神社の数は三千余社、仏閣は一万余寺あり、それほど多かったのである。僧尼は男女の人口の半分にも及んで、仏法の繁昌は漢土、つまり中国よりも勝れ、天竺、つまりインドよりも勝っている。しかし、その仏教のなかには大きな諍論、争いがあるのだ」とおっしゃっているのです。

すなわち、仏教はインドから中国、日本へと、長い時間をかけて伝わってきましたが、日本においては、仏法はかつてなく繁盛しているように見えますけれども、その実体は迷妄の極みであるということです。阿弥陀仏を本尊とする念仏宗や、大日如来を本尊とする真言宗、あるいは教外別伝《きょうげべつでん》・不立文字《ふりゅうもんじ》を説く禅宗などがあるなかで、特に念仏が勢力を強めてきたところから、大聖人様はまず、この念仏を破折されているのであります。

また、禅宗では教外別伝・不立文字ということを言いますが、これは、仏の本意は教説を用いずに伝えられるのであり、言語や文字によって明らかになる

ものではないとする教義であります。大梵天王問仏決疑経に、

「仏の言《いわ》く、吾《われ》に正法眼蔵、涅槃の妙心、実相無相、微妙《みみょう》の法門有り。文字を立てず、教外に別伝し、摩訶迦葉《まかかしょう》に付嘱するのみ」

とありますように、教外別伝というのは、仏道を伝えるに際して言語や文字による教説を排し、直接、心から心へと伝える、要するに教の外に別に伝わるのだと言うのです。それから不立文字というのも、禅宗での悟りの道は言語・文字によるものではなく、いわゆる以心伝心の玄旨を基《もとい》にしていることを言うのであります。

つまり禅宗では、仏法の真髄は一切経の外、つまり教内の法の外にあって、それは釈尊から迦葉に、文字によらず密《ひそ》かに伝えられたのであり、その教外の法を伝承しているとして、経文を用いず、坐禅によって法を悟ることができるとしているのであります。

しかし、その一方で仏教以外の経書を学び、文筆を行い、教義を説いてお

り、文字はいらないと言いながら、矛盾したことをしているのです。加えて、禅宗が依経としているところの大梵天王問仏決疑経自体が古い経録には存在せず、偽書ではないかと言われているのであります。

そこで、初めに**「浄土宗の人々は阿弥陀仏を本尊とし」**と仰せでありますが、この御文から、当時、日本中が念仏に害せられていた様子が、はっきりと判るのであります。この念仏の教えが無間《むけん》地獄に堕《お》ちるところの教えであることについて申し上げますと、大聖人様は『念仏無間地獄抄』におきまして、

「念仏は無間地獄の業因《ごういん》なり。法華経は成仏得道の直路《じきろ》なり。早く浄土宗を捨て法華経を持《たも》ち、生死《しょうじ》を離れ菩提を得《う》べき事」（御書三八㌻）

とおっしゃっております。

さらに、同抄には、

「浄土の三部経は、釈尊一代五時の説教の内、第三方等《ほうどう》部の内より出《い》でたり。此の四巻三部の経は全く釈尊の本意に非《あら》ず、三世諸仏出世の本懐にも

非ず、只暫《ただしばら》く衆生誘引の方便なり」（同三九ジペー）

と示されております。

つまり、浄土の三部経というのは、釈尊一代の華厳、阿含、方等、般若、法華・涅槃という五時の説教のうちの方等部の教えで、無量寿経一部二巻、観無量寿経一部一巻、阿弥陀経一部一巻の合計四巻三部の経でありますが、この念仏が依経としている浄土の三部経は、全く釈尊の本意ではなく、三世諸仏出世の本懐でもないとおっしゃっているのです。ただ、しばらく衆生を誘い入れる、つまり方便を用いて教化するためのものであり、この方便というのは、仏様が衆生を教化するために用いる仮りの教えのことで、真実に導くための巧《たく》みな手段のことであります。ですから、浄土の三部経は方便の教えで、本当の教えではないのであり、その方便の教え、仮りに説かれた教えでは、真実に人を救うことはできないとおっしゃっているのです。

続いて、

「譬へば塔をくむ《組》に足代《あししろ》をゆふ《結》が如し。念仏は足代なり、法華は宝塔なり。法華を説き給ふまでの方便なり。法華の塔を説き給ふて後は、念仏の足代をば切り捨つべきなり」（同ページ）

と仰せのように、塔が立派に完成したならば、足場は不要であります。

つまり、高い塔を建てる時には足場が必要であり、足場を組み上げて、だんだん、だんだんと大きな塔を建てていくのであります。しかし、その塔が出来上がってしまったならば、今まで組んだ足代は邪魔になるのです。したがって、真実本懐の法華経が説かれれば、爾前権経は足代としての役目が終わったのですから、今度はそれを取り払わなければならない、つまり法華経以外の教えは取り払わなければならないとおっしゃっているのであります。

そして、

「然《しか》るに法華経を説き給ふて後、念仏に執著《しゅうじゃく》するは、塔をくみ立てゝ後、足代に著して塔を用《もち》ひざる人の如し。豈違背《あにいはい》の咎《とが》無からんや。然れば法華の序分無量義経には『四十余年未《いま》だ真実を顕はさず』と説き給ふて念仏の法門を打ち破り給ふ。正宗法華経には『正直に方便を捨てゝ但《ただ》無上道を説く』と宣《の》べ給ひて念仏三昧《まい》を捨て給ふ」（同ページ）

と示されております。要するに、念仏は未顕真実、いまだ真実を顕されていない方便の教えであり、正直に捨てるべき教えだとおっしゃっているのです。

方便は、なぜ捨てなければならないかというと、先程言いましたように、足代と同じで、真実が顕れてしまえば、方便はむしろ邪魔であるからでありま す。釈尊が四十余年間に説いてきた華厳、阿含、方等、般若等の教説は全部、方便の教え、権教、権《か》りの教えであります。権りとは真実に対する言葉でありまして、方便という意味です。『摩訶止観』のなかには、

「権は是れ権謀《ごんぼう》、暫用還廃《ざんゆうげんぱい》なり」（止観会本上七〇七ページ）

と説かれています。この権謀とは臨機応変のはかりごとのことでありまして、しばらく用いたあと、本物が出来上がれば、いらなくなると仰せられているの

であります。

されば、方便品に、

「諸《もろもろ》の菩薩の中に於《おい》て　正直に方便を捨てて　但《ただ》無上道を説く」

（法華経一二四ジペー）

と説かれ、『法華文句』には、この文を釈して、

「於菩薩中の下の三句は、正《まさ》しく実《じつ》を顕すなり。五乗は是れ曲にして直に非《あら》ず、通別は偏傍《へんぼう》にして正《しょう》に非ず。今は皆彼《か》の偏曲を捨てて但正直の一道を説くなり」（文句会本上八二九ジペー）

とあります。つまり、人・天・声聞・縁覚・菩薩の五乗に執着する心は曲であり、また通教・別教は偏《かたよ》った教説である故に、今は方便権教を廃して、正直の法である法華経を説くのであるとおっしゃっているのであります。

念仏の教えは、あくまでも方便の教えにして無得道なることが明白でありますから、大聖人様は端的に「念仏無間」とおっしゃっているのであります。仮

りに説かれた方便の教えに執着し、本物を忘れてしまえば、大きな間違いを起こすことになるのは当然であります。したがって、念仏に執着することは、まさに無間地獄に堕ちることになるぞと、大聖人様は断ぜられているのでありま す。

次に、真言について**「真言の人々は大日如来を本尊とす」**と述べられております。

そもそも、この大日如来は実在の仏ではないのです。大日如来は、釈尊によって説かれた単なる法身仏、法の上で説かれた仏であり、理論上で説かれた仏に過ぎないのであります。

これに対して釈尊は、まさにインドでお生まれあそばされた実在の仏様です。したがって、実在の釈尊よりも、理論上説かれた架空の大日如来のほうが勝れているなどと言うことは、本末転倒もはなはだしいのであります。

また、真言の空海は、第一大日経、第二華厳経、第三法華経と言い、法華経を第三の戯論《けろん》と貶《おとし》めておりますが、この大日経は釈尊五十年の説法中の第三時方等部のお経であります。つまり、方便権教のお経でありまして、無量義経に、

「四十余年。未顕真実（四十余年には未だ真実を顕さず）」

（法華経二三㌻）

と仰せのように、真実を説かれていない教えでありますから、そこに執着するのは誤りなのであります。

今言ったように、大日経は方等部に属する方便権教であります。方便権教というのは、本物を説くために説かれるところの権りの教えであります。これらは「花咲かじじい」とか「浦島太郎」といったおとぎ話と同じであります。話としては存在しますけれども、それでは実際に花咲かじじいがいたのかということになると、そうではないでしょう。浦島太郎もそうです。そういうおとぎ話は勧善懲悪を教えるために、たくさんあるのです。

法華経以前に説かれた教えというのはみんな、その類《たぐ》いなのです。だから方便の教え、権教というのは、法華経を説くために、衆生の機根を調養する目的で説かれた教えなのです。だから、方便のほうに重点を置いて、法華経を蔑《ないがし》ろにするようなことがあれば、これはとんでもない間違いであります。

無量義経というのは、法華経のすぐ前に説かれた、法華経を説くための準備として説かれたお経であり、そのお経のなかに「四十余年。未顕真実」とおっしゃっているのであります。

さらに、法華経に至ってからも、方便品のなかで「正直に方便を捨てて　但無上道を説く」とお説きになっております。これは、今まで説いてきたところの大日経にしても、阿弥陀経にしても、仮りに説かれてきた教えは捨てよとおっしゃっているのです。

また、安楽行品には、

「此の法華経は、諸仏如来の秘密の蔵《ぞう》なり。諸経の中に於て、最も其《そ》の上《かみ》

に在り」（同三九九ページ）

と明確にお示しであります。「諸経の中に於て、最も其の上に在り」ということは、釈尊の説かれた教えのなかでは法華経こそが最上の教え、最も勝れた教えであると明確におっしゃっているのです。

したがって、空海の説は釈尊の本意ではなく、空海の勝手な私の言葉であって、まさしく法華誹謗の罪障を積む邪説であると断ずることができるのであります。

また次に、真言宗では理同事勝ということを言っております。これはどういうことかというと、法華経と大日経を比較すると、理は同じであるが、事《じ》においては大日経が勝れていると言うのです。そもそも、理が同じだと言うこと自体が僭越なのでありますけれども、さらに事は大日経のほうが勝れていると言うのです。これは、大日経で説くところの阿字本不生という、宇宙の万有を阿字に収めて、一切法がそのまま真理であり、生滅のないものであるという義があるのですが、この理と法華経の諸法実相、一念三千の理が同じだというようなことを彼らは言うのです。そして、法華経には印《いん》と真言の事相が欠けており、大日経には印と真言があるから、理は同じであっても、事相においては法華経よりも真言のほうが勝れていると、理同事勝ということを言うのであります。

しかし、一念三千の法門は法華経のみに説かれるものであって、その現証としての二乗作仏、久遠実成は、大日経には説かれておりません。彼らも一往、一念三千ということを説きますけれども、真言で説く一念三千は、善無畏三蔵が中国に大日経を弘めるために、既に弘まっていた法華経から盗み入れたものであることがはっきりしているのであります。故に、彼らが法華経と大日経を比べて理同事勝、理は同じであるけれども、事は真言のほうが勝れていると主張する真言の教えそのものが、まさに仏説に反する誑惑《おうわく》の邪説であることが明確なのです。

ですから、大聖人様は「真言亡国」とおっしゃられ、その現証は日本の歴史上の様々なところに起きているのであります。

次に**「禅宗の人々は経と仏とをば閣《さしお》きて達磨《だるま》を本尊とす」**とあります。

禅宗では、先程も言いましたように、教外別伝・不立文字と言って、仏の真意は文字を立てず、心から心へ伝わるものだと主張しておりますが、教外別伝・不立文字と仏が説いたということ自体が教えであり、言葉でありますから、実に矛盾した話になるのであります。

また不立文字というのは、文字を立てない、文字はいらないということでありますが、それでは禅宗ではお経もいらないのかとなると、やはりお経はきちんと読んでいるのです。

さらに、彼らが言う教外別伝の根拠は大梵天王問仏決疑経というお経でありまして、文字はいらないと言いながら自語相違しているのであります。そういう根本的なところに、禅宗の考え方の間違いがあるのであります。

このように、一代聖教を誹謗し、経典を捨て去って教外別伝・不立文字を立てる禅宗は、涅槃経に、

「若《も》し仏の所説に随わざる者有らば、是《こ》れ魔の眷属なり」

と説かれているように、天魔の所業と言わざるをえないようなことを平気でしているのであります。

さらに禅宗では、直指人心《じきしにんしん》・見性成仏《けんしょう》と言って、経教を用いずに、座禅によって見る自己の本性が仏性であり、仏そのものだと主張するのであります。たしかに、この円教の理におきましても、十界の衆生はすべて仏性を持っておると説かれますが、これは単に理仏を指しているのでありまして、実際の仏ではありません。三毒強盛《ごうじょう》の凡夫の心は結局、迷いの心でありまして、その心をいかに見つめても、そこに仏の心を観ずることはできないのであります。だからこそ、釈尊は涅槃経に、

「心の師と作《な》るとも、心を師とせざれ」

と、はっきりとおっしゃって、人の心は迷いの心であって、その心を師匠とすべきではないと戒められているのであります。

したがって、完全無欠の仏様やそのお経を蔑ろにして、ただ達磨の教えに従い、是心即仏・即身是仏などと言い、凡夫の愚癡《ぐち》・無慚《むざん》の心をもって「我が心を観じることによって仏に成る」とする禅宗の教え・考え方は、まさに増上慢以外の何ものでもないと断ずることができるのであります。

次に**「余の人々は念仏者真言等に随《したが》へられ、何《いず》れともなければども、つよきに随ひ多分に押されて、阿弥陀仏を本尊とせり」**とおっしゃっております。

浄土宗、真言宗、禅宗以外の「余宗」そのほかの宗派の人々は、念仏者や真言師の強い勢い、数の多さに随わされて、阿弥陀仏を本尊としていると仰せられているのであります。多数になびいてしまっている姿が、そこにあるのであります。

さらに**「現在の主師親たる釈迦《しゃか》仏を閣きて、他人たる阿弥陀仏の十万億の他**

**国へにげ《逃》行くべきよしをねが《願》はせ給ひ候」**と仰せでありますが、これは、それらの人々が、我ら末法の衆生の主師親たる釈尊を閣いて、我らとは関係のない他人たる阿弥陀仏の説く他国、西方十万億土へ逃げていこうとするような考え方をしているということであります。

しかるに**「阿弥陀仏は親ならず、主ならず、師ならず。されば虚言《そらごと》の四十八願を立て給ひたりしを、愚《おろ》かなる人々実《まこと》と思ひて、物狂《ものくる》はしく金拍子《かねびょうし》をたゝき、おどりはね《跳》て念仏を申し、親の国をばいとひ《厭》出《い》でぬ」**とおっしゃっています。

つまり、阿弥陀仏は親でもなく、主でもなく、師でもない。よって、主師親の三徳を具えた仏ではない。されば、虚言の四十八願を立てられたのを、愚かな人々は真実だと思い、狂《くる》ったように金拍子をたたき、踊り跳ねて念仏を称《とな》えて、親の国を嫌って出ていってしまったということです。

そして**「来迎《らいごう》せんと約束せし阿弥陀仏の約束の人は来たらず。中有《ちゅうう》のたび《旅》の**

**空に迷ひて、謗法の業《ごう》にひかれて三悪道と申す獄屋《ごくや》へおもむけば、獄卒阿防羅《あぼうら》刹《せつ》悦《よろこ》びをなし、とらへ《捉》から《搦》めてさひ《嘖》なむ事限りなし」**とおっしゃっているように、迎えにくると約束をした阿弥陀仏の約束の人は全く来ない。また、中有の旅の空に迷って、謗法の業に引かれて三悪道という獄屋へ赴いてしまえば、そこでは地獄の獄卒の阿防羅刹、これは阿防、あるいは不群とも言いますが、この阿防羅刹がいて、逃げる罪人を捕らえる役をしているのです。その姿は、頭は牛、手は人、足は牛の蹄《ひづめ》で、性格は凶暴であり、その恐ろしさは鬼のようであると言われます。この阿防羅刹が、喜んで捉《とら》え、搦《から》めて、限りなく責め苛《さいな》むのであるとお示しであります。

このように地獄の苦しみを味わうことになると、明確におっしゃっているのであります。

次は『盂蘭盆御書』であります。

## 15　盂蘭盆御書

**自身仏《ほとけ》にならずしては父母をだにもすくい《救》がたし。いわう《況》や他人をや。**
**（御書一三七六ジペー八行目）**

『盂蘭盆御書』は、弘安二（一二七九）年七月十三日、大聖人様御年《おんとし》五十八歳の時に、治部房日位の祖母が盂蘭盆の御供養として白米、焼き米、瓜、茄子《なす》などの御供養をされた折に、盂蘭盆のことを尋ねられましたので、その返書として認《したた》められたものであります。

初めに盂蘭盆の起源を説きまして、次に目連尊者に通力があっても、餓鬼《がき》道に堕ちている母を救うことができなかったのは、まず自身が成仏することができなかったためであると、爾前教の修行、ならびにその功徳の微力なることを明かされております。目連が法華経によって、自身が成仏するとともに、父母をも成仏させることができたことが述べられており、さらにまた平清盛の大悪が子孫の苦悩を招いた事例を挙げられております。反対に、法華経を信じた大善は、無量世にわたる父母や子孫を成仏させることができると示されております。そして最後に、治部房の祖母が孫を法華経の行者としたことによって、必ず成仏へ導かれるであろうと激励をされております。

さて、この御書に説かれております盂蘭盆の起源について、解りやすいように、御書を口語体にして読んでいきたいと思います。

そもそも、盂蘭盆については、仏様の十大弟子のなかに目連尊者という方がおり、智慧第一の舎利弗《しゃりほっ》と並んで神通第一の目連と称され、須弥山《しゅみせん》に日月が並び懸かるように、あるいは大王に左右の大臣が居並ぶようにしていた人で、この人の父を吉懺師子《きっせんしし》と言い、母を青提女《しょうだいにょ》と言いました。その母が、生前の慳《けん》貪《どん》、つまりケチで欲が深く、無慈悲なことの科《とが》によって餓鬼道に堕ちていたのを、目連尊者が救い出そうとしたことから始まっています。

その因縁は何かというと、目連尊者の母が餓鬼道に堕ちて嘆《なげ》き苦しんでいましたが、目連尊者も凡夫であったので、そのことを少しも知ることができませんでした。

目連尊者は幼少にして外道の家に入り、四韋陀《しいだ》とか、十八大経といったバラモン教の一切の経典を修学し尽くしましたが、それでも母のいる所を知ることができなかったのであります。

そのあと十三歳の時に、舎利弗と共に釈尊を訪ねて弟子となったのでありま す。そして、弟子になったあとは、一心に勉学修行に励んで、見惑という物事の理法に迷う妄見の煩悩を断じて、初果という聖者の位に入ったのでありま す。

さらに、人が生まれつき持っている修惑という煩悩を断じて、阿羅漢《あらかん》という小乗教の最高の悟りに達し、三明六通を得たのであります。三明というのは過去・現在・未来にかかるところの明るい智慧であり、六通というのは、それに天耳《に》通、他心通、神足通を加えたもので、仏や、小乗の証果である阿羅漢が得るところの神通力のことであります。要するに、修行によって、この三明六通を得たということです。

そして、天眼を開いて三千大千世界を見渡したところ、大地を見透《みす》かして三悪道を見ることは、氷の下で泳いでいる魚を朝日に向かって通し見るようであり、そのなかの餓鬼道に、自分の母がいたのです。

その有り様《さま》は、飲む物はなく、食べる物もなく、皮膚は金鳥の毛をむしったようで、やせ衰えて、骨は丸い石を並べたようであり、また頭は鞠《まり》のようで、首は糸のように細く、腹だけが大海のように大きく、口を張り、手を合わせて物を乞う姿は、飢《う》えた蛭《ひる》が人の臭いをかぎつけているようなものであったのです。そして、先の生に自分の腹を痛めた我が子を見て泣き出しそうにしている姿や、飢えてひもじそうな様子は、譬えようもないくらい、みじめなものであり、目連尊者は、どんなにか嘆かわしく、悲しく思ったことであったろうか、と記されております。

そして平安時代の昔、法勝寺の執行《しゅぎょう》であった俊寛が後白河院を擁《よう》して平家を討伐する陰謀を企てたことが発覚して硫黄島に流された時のことが挙げられております。すなわち、裸の身体で、髪《かみ》がぼうぼうとして生えて巻きつき、やせ衰えた姿で海辺をさまよい、藻くずを取って腰に巻き付け、魚を一匹見つけて右手でつかみ、今や口に噛《か》もうとした時、かつて俊寛に仕えていた童子が訪ねてきて、その姿を見た時と、目連尊者が母を見た時と、どちらが哀《あわ》れであっただろうか。それらを比べれば、目連尊者のほうが童子が俊寛の姿を見た時よりも、いま少し悲しみが深かったでありましょう。

したがって目連尊者は、あまりの悲しさに大神通力を現じて、御飯を差し上げたところ、母は喜んで右の手でその御飯を掴《つか》み、左の手でそれを隠して口に入れたのですが、どうしたことか、御飯が変じて火となり、灯心を集めて火をつけたように、ぱっと燃え上がってしまい、母の身体がごこ、ごこと音を立てて焼けるのを目連尊者が見てあまりに慌《あわ》て、さらに大神通力を現じて水をかけたところ、今度はその水が薪《たきぎ》となって、いよいよ母の身体が焼ける様は、まことに哀れであったのであります。

その時、目連尊者は、自らの神通力がかなわないので、走り帰って仏様の前に行き、「私は外道の家に生まれましたが、仏の御弟子となって阿羅漢果を得、三界の生因を離れて、三明六通のような神通力を得た阿羅漢になりましたけれども、今、母の大苦を救おうとしたのに、かえって大苦に遭わせてしまったことは、心苦しく残念でなりません」と申し上げたのであります。

目連尊者の嘆きを聞いた仏様は「あなたの母は罪深い人だから、あなた一人の力では到底、救うことはできません。また多くの人が集まっても、たとえ天神、地神、邪魔、外道、道士、四天王、帝釈、梵王の力でも、あなたの母を救うことはできません。どうしても母を救いたいと思うならば、七月十五日に十方の聖僧を集め、百味の飲食《おんじき》を供養して、母の苦を救うべきである」と説かれたのであります。

目連尊者は、その仏様の仰せのままに、七月十五日に供養を行ったところ、母は餓鬼道一劫の苦しみを免《まぬか》れることができたと、盂蘭盆経というお経に説かれています。それによって仏滅後、末代の人々は七月十五日に、この法を行うようになって、今ではこの日に盂蘭盆会を行うことは世の常のようです。

大聖人様が考えるに、目連尊者という人は十界のなかの声聞道の人で、小乗の比丘《びく》が受持すべき二百五十戒を堅く持《たも》つことは石のようであって、三千の威儀、これは細かく分けた比丘の行う厳しい規律であり、これには様々なものが説かれておりますけれども、その三千の威儀を具えて欠けないことは、まさに十五夜の月のようであった、つまり一生懸命に修行をせられたということであります。そして、智慧は日輪に似て、神通力は須弥山を十四匝《そう》巻き、大山《たいせん》を動かすほどの人でした。このような聖人でも、重恩ある母に報いることは難しく、それればかりか恩を報じようとして、かえって母の大苦を増してしまったのです。

それに比べて、今の僧達は二百五十戒は名ばかりで、持戒にこと寄せて人を誑《たぶら》かし、一分の神通力もありません。その態度・了見は、まさに大石が天に昇ろうとするようなものであります。智慧の劣っていることは牛や羊のようで、たとえ千万人を集めたとしても、はたして父母の一つの苦をも救うことができるでしょうか。

所詮、目連尊者が母の苦を救えなかったのは、小乗の教えを信じて、二百五十戒の持戒の人であったからであります。したがって、浄名経という経典のなかには、浄名居士が目連房を責めて「汝《なんじ》を供養する者は三悪道に堕ちる」と言ったと説かれていますが、これは目連尊者一人を指しているのではなくして、一切の声聞乃至、末代の持斎等を指しているのであります。

この浄名経は、法華経に比べると数十番も末《すえ》につながる、郎党のような存在でありますが、このように言われたのは、目連尊者自身が、いまだ成仏をしていないからであります。だから、自身が成仏しなくては、父母を救うことは難しく、まして他人を救うことができるでしょうかとおっしゃっているのです。

ところが、目連尊者は法華経で、

「正直捨方便」（法華経一二四ジペー）

と説かれた時、小乗の二百五十戒をたちどころに投げ捨てて、南無妙法蓮華経と唱えたところ、やがて成仏して多摩羅跋栴檀香仏《たまらばつせんだん》と成られ、この時に父母も成仏することができたのです。ですから、法華経に、

「我が願《ねがい》既に満じて衆《もろもろ》の望亦《のぞみまた》足りなん」（同三〇九ジペー）

と説かれているのであります。つまり目連の色心は父母の遺体であります。したがって、目連の色心が成仏したので、父母の身もまた、成仏したのです。

例えば、日本国第八十一代安徳天皇の治世に、平氏の大将である清盛という人がいました。たびたびの合戦《かっせん》に国敵を滅ぼして、上は太政大臣まで官位を極め、安徳天皇は孫に当たります。一門は雲客月卿、つまり殿上人や公家に列な

り、日本六十六カ国、島二つを掌中に収めて人を帰順させることは、大風が草木をなびかすようでしたが、次第に驕《おご》り高ぶる心が起きてつけ上がり、結局は神仏を蔑視して神人や諸僧をも掌握しようとしたので、比叡山の僧や七大寺の諸僧を敵にしてしまったのであります。そして、治承四（一一八〇）年十二月に、七大寺のなかの東大寺・興福寺の両寺を焼き払ってしまったのでありま す。

清盛のこの大重罪は、その身に報いとなって現れ、翌年の治承五年閏《うるう》二月四日、熱病に罹《かか》って、身はまさに炭のように黒く、顔は火が熾《おこ》ったようになって、結局は、身体中から炎が上がって悶死《もんし》してしまったのです。

そして、その大重罪は二男の宗盛にまでも及んで、壇ノ浦の合戦に敗れて西海に沈んだと思われたが、東天に浮かび出て捕らえられ、右大将・源頼朝の前に縄をつけられたまま引き据えられたのでした。

また、三男の知盛は壇ノ浦の海に沈んで魚の糞となり、四男の重衡《しげひら》は一ノ谷の合戦に敗れ、身に縄を付けられて京都、鎌倉を引き回された挙げ句、奈良の七大寺に引き渡されて、十万人の大衆らに「我らが仏敵なり」と、一刀《ひとたち》ずつ切り刻まれたのです。

これらをもって見るに、悪のなかの大悪は、その罪の報いを我が身に受けるだけでなく、子と孫と七代の子孫までもかかるのです。そして、善のなかの大善も同じです。目連尊者が法華経を信じた大善は、目連尊者自身が仏に成っただけでなく、目連尊者の父母も仏に成ったのです。また父母のみならず、上《かみ》七代、下《しも》七代に及び、ひいては上無量生、下無量生の父母達までが、存外に成仏をすることができたのです。さらには、子息、夫妻、所従、檀那その他、無量の衆生までもが三悪道を離れることができただけでなく、皆ことごとく初住・妙覚の仏と成ったのです。ですから、法華経第三の巻の化城喩品に、

「願わくは此《こ》の功徳を以《もっ》て　普《あまね》く一切に及ぼし　我等と衆生と　皆共《とも》に仏道を成《じょう》ぜん」（同二六八㌻）

と説かれているのであります。

されば、改めて**「自身仏《ほとけ》にならずしては父母をだにもすくい《救》がたし。いわう《況》や他人をや」**との御文を拝する時、自ら自行化他にわたる強盛なる信心を確立していくことが大事だということを知らなければならないのであります。

大聖人様は『法蓮抄』に、

「法華経も又《また》一切衆生を仏になす用《ゆう》おはします。六道四生の衆生に男女あり。此の男女は皆《みな》我等が先生《せんじょう》の父母なり。一人もも《漏》れば仏になるべからず。故に二乗をば不知恩の者と定めて永《よう》不成仏と説かせ給ふ。孝養の心あまねからざる故なり。仏は法華経をさとらせ給ひて、六道四生の父母孝養の功徳を身に備へ給へり。此の仏の御功徳をば法華経を信ずる人にゆづり給ふ」（御書八一五㌻）

とおっしゃっています。これは今、ずっと御書を拝したように、いかに仏法の正しい理に従わなければならないかということの証《あかし》であります。

そして、十六番の『盂蘭盆御書』に、

16　盂蘭盆御書
悪の中の大悪は我が身に其《そ》の苦をうくる《受》のみならず、子と孫と末《すえ》七代まで もかゝり候ひけるなり。善の中の大善も又々かくのごとし。
（御書一三七七ジペー五行目）

と仰せのように、悪のなかの大悪は、その罪の報いを我が身に受けるだけでなく、子と孫と七代の子孫にまでも及ぶのです。また逆に、善のなかの大善も同じだとおっしゃっております。

だから私達が今、本当に一生懸命にお題目を唱えて成仏の境界を築くことは、己《おの》れ一代だけではなくして、子々孫々にまで功徳が行き渡るのであり、さらに上七代の先祖にも供養することができるのです。したがって、今日《こんにち》の私達の信心の姿勢が、いかに大事であるかということをお示しなのであります。だから改めて「自身仏にならずしては父母をだにもすくいがたし。いわうや他人をや」という御文を、よくよく我々は拝していかなければならないと思います。

我々自身がお題目を唱えていくと、その功徳をもって、上七代、上無量生にわたる様々な先祖代々の追善供養を行うことができるのであり、また今度は下七代、下無量生にわたる人達に功徳を及ぼすことができるのです。そして、それは今、私達自身が、どのように生きるか、どう信心していくかにかかっているのであります。

その我々の信心において、今日にあって特に大事なことは、自行化他の信心ということであります。つまり、しっかりと自分自身が題目を唱えることとともに、しっかりと折伏をすることです。

本宗の教えそのものは、広宣流布を目指しております。広宣流布ということは、折伏です。だから、折伏を忘れた信心というのは本来、大聖人様の教えのなかに存在しないのです。すべて、自行化他にわたる信心でなければいけません。

「自行計《ばか》りにして唱へてさて止《や》みぬ」（御書一五九四ページ）

という御文がありますが、お題目を唱えれば、もちろん功徳はあります。しかし、本当に上七代、下七代に至るような功徳を積もうと思うならば、やはり自行化他にわたる信心、つまり折伏をしていくことが大事です。

自分一人だけの信心というのは、小乗仏教の考え方です。これは小さな乗り物で、自分一人だけが幸せになればいいという考え方です。しかし、これでは広宣流布のお役には立てません。私達の信心は、自らが題目を唱えるとともに、不幸な人が本当にたくさんいるのでありますから、その人達を救っていく、つまり折伏をしていくことが極めて大事であります。

亡くなった私の師匠の観妙院様は「信心とは折伏なり」ということを、よくおっしゃっていました。つまり、自分だけの信心というのは存在しないのです。一人でも多くの人を幸せにしていこうという大乗の精神が大事なのであり、これが妙法の心です。

だから、やはり我々は自行化他の信心ということを肝に銘じて、しっかりとお題目を唱え、折伏をして、上七代、下七代に至るような功徳を是非、積んでいただきたいと思います。

『盂蘭盆御書』を通して色々と申し上げましたが、お帰りになりましたら、是非もう一度『盂蘭盆御書』を拝読してください。そこで何を感ずるか、これが非常に大事なことです。何かを感じるはずです。しっかり御書を読んで、そして御書のままに我々が信心をしていけば、まず私達自身を、そして多くの人を幸せにすることができます。

特に今、宗門は来たるべき令和三年の八十万人体勢構築へ向かって前進をしております。この八十万人体勢の構築は、私達が御本尊様にお誓いした約束です。どんなことがあっても、私達は渾身の力を込めて折伏に立ち上がり、このお約束を守らなければなりません。

もし約束を果たせなければ、また大変なことになるでしょう。しかし、本当に心して折伏を行じ、御本尊様にお誓いしたこの八十万人体勢構築の約束をしっかりと守れば、それはそれは計り知れない大きな功徳を必ず頂戴することができます。

今日お集まりの方々が本当に立ち上がって動けば、講中も変わります。そして、お寺の多くの御信徒が、必ず立ち上がります。ですから今日、来られた方は、これを一つの大きな縁として、是非、折伏に立ち上がっていただきたいと思います。

また、折伏に当たっては、みんなで異体同心して折伏することが大事です。みんなで力を合わせて折伏に励むことが、私達に今日、課せられたところの大事な使命であります。

令和三年を迎えるに当たって私達がなすべきこと、それはまさに折伏であります。この令和三年に向かっての精進が、また私達に大きな功徳を必ずもたらすことになるのであります。このことは重々お解りのことと思いますが、頭でっかちではなくして、それを我が身に移して実践するところに功徳があるのです。我が身をもって折伏に励むところ、必ず広大無辺なる御仏智を頂き、功徳を頂くことができるのです。どうぞ、その確信を持って、一生懸命、みんなで異体同心して頑張っていただきたいと思います。

皆さん方の、いよいよの信心倍増、仏道精進を心からお祈りいたしまして、本日の話といたします。

御法主日如上人猊下御講義集
令和元年度　第十六回法華講夏期講習会

# 御書要文《ごしょようもん》　三

令和二年四月一日　初版発行

編集　日蓮正宗宗務院
発行　株式会社　大日蓮出版
印刷　株式会社　きうちいんさつ



ISBN 978-4-905522-92-8

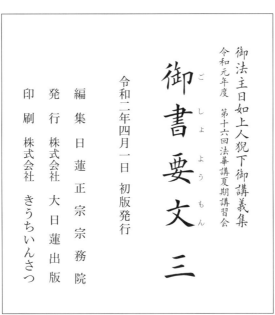